돈이 되는 라이브커머스의 정석

돈이 되는

라이브 커머스의 정석

네이버 스마트스토어 입점부터
쇼핑라이브까지

현세환 지음

비즈니스북스

돈이 되는 라이브커머스의 정석

1판 1쇄 인쇄 2021년 4월 15일
1판 1쇄 발행 2021년 4월 20일

지은이 | 현세환
발행인 | 홍영태
편집인 | 김미란
발행처 | (주)비즈니스북스
등 록 | 제2000-000225호(2000년 2월 28일)
주 소 | 03991 서울시 마포구 월드컵북로6길 3 이노베이스빌딩 7층
전 화 | (02)338-9449
팩 스 | (02)338-6543
대표메일 | bb@businessbooks.co.kr
홈페이지 | http://www.businessbooks.co.kr
블로그 | http://blog.naver.com/biz_books
페이스북 | thebizbooks
ISBN 979-11-6254-208-8 03320

한 전자제품 중소기업의 TV는 1시간 동안 약 5억 원의 매출을 올렸다. 울릉도 앞바다에서 판매한 울릉도 오징어와 독도 새우, 미역은 1시간에 3억 원의 매출을 올렸다. 어떻게 된 일일까?

위의 중저가 가전 브랜드는 가성비가 높은 TV를 론칭했으나 홍보와 마케팅에 많은 투자를 할 여력이 없어 인지도를 쌓기 힘들었다. 독도 새우와 오징어는 맛은 최고였지만 중간 유통 단계로 거품 낀 가격에 소비자에게 가까이 다가가지 못했다. 이 모든 것을 해결하고 극적인 매출을 올릴 수 있었던 비결은 바로 라이브커머스였다. 1시간의 라이브커머스 방송으로 홍보는 물론 매출 상승의 실적을 올린 것이다.

라이브커머스는 중국에서 먼저 시장 파이를 키웠다. 이는 '왕훙'의 힘이었다. 왕훙은 인플루언서와 유튜버, BJ를 통칭하는 말로 '온라인상의 유명인사'를 뜻한다. 중국 SNS인 웨이보, 웨이신 등에서 주로 활동하며 많은 팬과 영향력을 지니고 있다. 그런 인플루언서와 엔터테인먼트적인 콘텐츠에 광고가 하나둘 붙기 시작했다. 여기까지는 우리나라에서도 현재 진행되고 있는 흐름이다. 여기서 왕홍은 한발 더 나아갔다. 직접 판매 활동에 나선 것이다.

단순 재미를 위한 콘텐츠나 정보 전달을 하던 영상 크리에이터와 인플루언서들이 상품 판매에 적극적인 행보를 보이자 '왕홍 경제'라는 말이 나올 정도로 경제에 미치는 영향력이 막대해졌다. 이제 그들은 중견 기업 그 이상의 경제력을 갖고 있다고 평가받는다.

이에 우리나라는 물론 전 세계에서 라이브커머스 시장을 눈여겨보기 시작했다. 특히 한국은 라이브커머스 시장이 성장할 만한 인프라와 기술력을 갖추고 있다. 유튜브, 아프리카TV, 틱톡 등을 통해 영상 콘텐츠에 익숙하고 크리에이터와 시청자가 나누는 소통도 활발하다. 소셜미디어, 이커머스를 거쳐 모바일 쇼핑까지 온라인 쇼핑 플랫폼이 다양하고, 결제 시스템은 빠르고 간편하다. 물류 혁신이라고 할 정도로 당일배송, 새벽배송 등의 배송 시스템도 잘 갖춰져 있다. 라이브커머스 시장이 커질 수밖에 없는 환경이다. 앞으로 드론, AI 등이 더욱 개발되어 상용화한다면 언택트 시대 이후로 바뀐 일상에서 라이브커머스의 수요는 더욱 높아질 것이다.

이렇게 커질 라이브커머스 시장에서 우리는 어떻게 돈을 벌 수 있을까? 이 책은 바로 이러한 질문에서 탄생했다. 최근 네이버 스마트스토어를 필두로 사업가뿐만 아니라 직장인 사이에서도 온라인 쇼핑몰 창업에 대한 관심이 커지고 있다. 하지만 온라인 스토어를 열어도 경쟁은 치열하고 상위 노출은 어렵기만 하다.

하지만 라이브커머스는 핸드폰만 있으면 언제 어디서든 나만의 제품을 판매하는 라이브 방송을 할 수 있다. 1시간 동안 고객과 소통하며 제품을 직접 사용하고 장점을 소개할 수 있다. 몇 개월의 시간과 몇 억의 비용이 드는 홈쇼핑을 내가 직접 진행할 수 있는 것이다.

라이브 방송을 통해 잠재 고객에게 좋은 품질의 제품을 알리고 바로 판매로 연결시킨다. 중간 유통 단계를 없애고 현지에서 전국 어디로든 직접 배송해 가격 거품도 없앨 수 있다. 이것이 바로 라이브커머스의 힘이다. 이에 대한 효과는 앞에서 설명한 중소 브랜드 TV나 독도 새우의 매출로 확인할 수 있다.

15년간 대기업에서 해외 영업을 맡고 대형 홈쇼핑에서 쇼호스트로 활동하며 체득한 높은 시장 이해도를 바탕으로 라이브커머스의 성장성을 체감했다. 때문에 과감히 이 시장에 출사표를 던졌고 3개월 만에 라이브커머스 방송 대행, 온라인 창업 컨설팅, 쇼호스트 교육, 제품 소싱을 아우르는 비즈니스 구조를 만들었다. 이를 통해 짧은 시간에 월매출 1억 원 이상을 달성했고 인수합병 제안을 받기도 했다. 하지만 나는 라이브커머스 시장이 더욱 커질 것을 알고 있기 때문에 이 모든 제안을 거절하고 좀 더 많은 사람이 라이브커머스로 돈을 벌 수 있도록 돕고 있다.

실제로 컨설팅을 받고 라이브커머스에 뛰어든 한 30대 사업가는 월매출 3,000만 원을 달성했고 라이브커머스 전문 방송인 겸 온·오프라인 파워셀러로 활동하고 있다. 이건 어느 특별한 사람의 이야기가 아니다. 누구나 방법만 안다면 할 수 있다.

이 책에서 그 방법을 자세히 알려줄 것이다. 라이브커머스 시장의 3대 장이라고 할 수 있는 네이버, 카카오, 쿠팡의 스토어 입점 방법부터 각 플랫폼별 라이브커머스 채널의 장단점은 물론 아이템 찾는 법, 제품 소싱 방법, 제품군별로 라이브커머스 준비하는 법, 홍보·마케팅 프로모션까지 꼼꼼히 담았다. 유튜브에 떠도는 매출 1,000만 원 만들기와 같은 뜬구름 잡는 방법과는 차원이 다른 실질적인 하우투들이다. 이 책을 따라 한다면 누구나 라이브커머스에 도전해 수익을 창출할 수 있다. 필요한 것은 새로운 시장에 도전하겠다는 용기와 의지뿐이다. 나머지는 이 책을 통해 차근차근 준비해보자.

현세환

PART 2

도전! 라이브커머스 실전
따라만 하면 나도 억대 매출의 라이브커머스 킹셀러!

CHAPTER 9 라이브커머스 성공의 핵심! 세일즈 어드바이스

PART 1

라이브커머스
시대가 열렸다

언택트 시대에 당신을 억대 부자로 만들어줄
황금 밧줄 '라이브커머스'

CHAPTER 1

모바일 라이브로
쇼핑하는 세상이 왔다

우리가 모르는 사이
쇼핑은 진화한다

상품에는 트렌드가 있다. 의류, 식품, 가전제품 할 것 없이 사람들은 그때 그때 유행하는 아이템을 구입하려 노력한다. 그렇다면 쇼핑의 방법에도 트렌드가 존재할까? 깊이 생각할 필요 없다. 딱 10년 전만 돌아보자. 쇼핑의 패턴과 방법이 시대의 흐름에 따라 변화되었다는 걸 체감할 수 있다. 시장의 큰 틀로 보면 오프라인에서 온라인으로, 다시 O2O(Online to Offline, 온라인과 오프라인을 연결하는 마켓)로, 지금은 여기에서 한발 더 나아가 모바일 쇼핑으로 진화하고 있다.

가만히 주변을 둘러보자. 엄청난 굉음을 내며 하얀 증기를 내뿜던 압력밥솥 대신 전기밥솥이 주방 한 켠을 차지하고 있다. 일일이 손으로 쓸고

닦던 쓰레받기와 빗자루 대신 로봇청소기가 스스로 돌아다니며 청소를 한다. 뚱뚱하고 둔탁한 TV는 가볍고 슬림해졌고 화면은 더 크고 선명해졌다. 물을 끓이던 스테인리스 주전자 대신 전기 포트가 놓여 있다.

생각해보면 일상생활에서 사용하는 물건들은 끊임없이 진화했다. 우리가 인지하지 못할 뿐 주방, 거실, 방 안의 물건들은 서서히 변화했고 대체되었다. 그 변화를 몸으로 느끼긴 어렵지만, 매우 큰 변화임은 틀림없다. 그렇다면 쇼핑은 어떨까? 아마 자신이 어떤 방법으로 쇼핑하고 있는지 깊이 생각해본 사람은 많지 않을 것이다.

지금까지 쇼핑하는 방법은 매우 빠르게 변화해왔다. 물론 어느 특정 시점에 어떻게 변화했는지 단정 지어 말하기는 힘들다. 천천히 우리 생활 속에 스며들었기 때문이다. 마치 우리가 쓰고 있는 물건이 진화를 거듭하며 생활 속으로 서서히 스며들었던 것처럼 말이다. 지금 우리는 너무나도 자연스럽게 핸드폰으로 콘텐츠를 보고 정보를 찾고 사진을 찍고 문서를 저장하는 시대에 살고 있다. 불과 20년 전까지만 해도 상상하기조차 힘든 일이다. 그리고 이제 손안의 작은 기기 하나로 우리가 원하는 모든 것을 살 수 있는 시대가 열렸다.

오프라인 쇼핑: 엄마 손잡고 칼국수 먹으며 장 보던 시절

직접 입어보고 먹어보고 만져보고 나서야 물건을 구입하던 때가 있었다. 마음에 드는 옷을 사기 위해 동대문 그 많은 옷가게를 둘러보고, 먹을 것을 사기 위해 슈퍼에 가고, 전자제품을 사기 위해 용산 상가로 향했다. 무언가를 사려면 항상 날을 잡고 움직여야 했다. 그래서 최대한 효율적인 동선을 그리며 쇼핑 리스트를 정리했다.

그 시절 항상 같이 모여 장을 보러 가는 엄마들의 모습을 자주 볼 수 있었다. 엄마들에게 장 보는 일은 하루 중 가장 큰 일과였다. 그래야 그날 만든 반찬을 식구들에게 먹일 수 있기 때문이다. 지금 생각해보면 장 보는 데 엄청난 시간을 소비했던 것 같다. 시장에 가고 둘러보고 흥정하고 다시 집으로 돌아오는 여정. 한 끼를 준비하는 데 거진 하루가 다 소비되었다. 게다가 냉장고 성능이 떨어지는 건 물론 보관할 수 있는 장소도 지금처럼 충분치 않아 그만큼 더 자주 장을 보러 가야 했을 테니 하루 24시간도 모자랐을 것이다. 장을 보지 못한 날은 옆집, 윗집, 아랫집에 사는 언니 동생에게 두부 한 모, 계란 한 판 등을 부탁하는 일도 종종 있었다. 요즘엔 정말 찾아보기 힘든 풍경이다.

가끔 엄마 손을 잡고 찬거리를 사러 시장에 가곤 했다. 그곳에서 내가 가장 좋아하는 칼국수와 양념 떡꼬치를 사 먹었다. 그것이 오프라인 쇼핑의 재미이기도 하지만, 우리 부모님 세대에겐 매일 반복해야 하는 이 일이 꽤 힘들지 않았을까 싶다. 지금처럼 PC나 스마트폰에서 버튼 몇 개만 누르면 우유, 쌀, 물, 옷, TV, 소파 등을 구매할 수 있다는 걸 그땐 생각조차 하지 못했다. 잘못 산 물건도 직접 찾아가 반품하는 게 아니라 버튼 몇 번만 누르면 알아서 반송해주는 시스템 또한 오프라인 쇼핑 시절에는 절대 상상도 못 할 일이었다.

TV 홈쇼핑: 홈쇼핑 중독자들의 탄생

TV 채널이 다양해졌다. 공중파는 물론 다양한 포맷의 예능 오락 프로그램과 음악 프로그램, 감성을 자극하는 미니시리즈, 대하드라마 등을 하루 종일 틀어주는 채널도 생겼다. 즉 TV의 시대가 도래했다. 사람들은 원하는 프로그램을 찾아 채널을 쉴 새 없이 돌린다. 6번에서 7번으로, 7번에서 9번으로, 9번에서 11번으로. 잠깐, 중간에 숫자가 비어 있지 않은가? 그 사이를 홈쇼핑이 비집고 들어갔다. 채널을 돌리던 엄마는 먹음직스러운 김치의 등장에 채널을 멈추고 바라보다 전화기를 들어 주문한다. 전화 한 번으로 김치는 문 앞까지 안전하게 배송된다. 무게나 크기도 크게 상관이 없다.

오프라인 쇼핑을 할 때는 하루 날 잡아 쇼핑했지만, 홈쇼핑은 따로 시간을 낼 필요가 없다. 내게 필요한 물건이 다양하게 펼쳐져 있다. 심지어 다량의 구성으로 합리적인 가격을 제시해 쇼핑하는 데 부담이 없다. 한번 구매한 물건이 마음에 들면 지속적인 구매로 이어지기도 한다. 그렇게 홈쇼핑은 청소를 하다가도 밥을 짓다가도 3분 만에 쇼핑을 할 수 있게 만들었다.

한번 편안함에 익숙해진 소비자는 절대 다시 불편한 방법으로 쇼핑을 하지 않는다. 더 이상 무언가를 사기 위해 씻고 옷을 갈아입을 필요가 없다. 가격 좋고, 배송 빠르고, 움직일 필요 없이 대량 구매로 객단가가 낮아져 합리적인 쇼핑이 가능한데 굳이 밖으로 나갈 이유가 없어진 것이다. 약 20년간 이런 편안한 쇼핑에 길들여진 소비자들로 인해 TV 홈쇼핑 시장은 점점 커졌다. 수요층이 매우 탄탄하게 형성되면서 그 시장 규모는 현재 수조 원에 달한다.

온라인 쇼핑과 블로그 공동구매
: 영 앤드 리치 쇼핑몰 CEO와 파워 블로거 전성시대

'스타일난다'(STYLENANDA)라는 기업을 들어본 적 있는가? 나이 어린 CEO가 창업해 큰 성공을 거둔 기업으로, 이 브랜드는 해외에서도 쉽게 찾아볼 수 있다. 그처럼 어리지만 자신만의 패션 감각과 사업적 재능을 살려 탄탄한 경제력을 갖춘 영 앤드 리치(Young & Rich) CEO들이 바로 인터넷 쇼핑몰 1세대다. 한동안 인터넷 쇼핑몰은 홍수처럼 불어났다. 시장이 커지다 못해 포화 상태에 이르렀다.

그러자 등장한 것이 블로거들이다. 일명 파워 블로거. 나도 한때 블로그에서 판매 활동을 했다. 가장 기억에 남는 건 여성 부츠였다. 단 5일간 판매해 3,000만 원 정도의 순이익을 남겼다. 당시 택배사에서 가장 큰 탑차를 호출해 배송했던 기억이 있다.

블로거는 일반 인터넷 판매와 다르게 자신들의 일상을 마케팅화하기 시작했다. 이로써 영화 리뷰, 맛집 투어, 여행지 소개, 반려동물과의 일상은 물론 패션, 식품, 가전 등 분야를 가리지 않고 일반인이 전문가가 되는 플랫폼이 완성되었다.

파워 블로거가 자신의 일상을 포스팅하며 관련 제품을 팔기 시작하면 그 제품에 대한 신뢰도가 급상승한다. '저 사람이 쓰는 거면 엄청 좋은 걸 거야'라는 무조건적인 충성도는 곧 구매로 이어진다. 이렇게 블로그 판매는 폭발적인 성장을 이루며, 이른바 '보이는 것이 중요해지는' SNS 마케팅의 시대가 시작되었다. 나를 팔고 알려야 판매가 오르는 상황이 되었다. 물론 그 이후 블로그 역시 포화 상태에 이르렀고 이른바 파워 블로거들의 갑질 논란 등에 휩싸이며 시장에서의 영향력이 크게 줄어들었다.

모바일 쇼핑: 더 작고 간편한 쇼핑 플랫폼의 등장

"인터넷과 전화와 음악 청취를 하나의 기기로 할 수 있다면?"

스티브 잡스가 2007년 애플 제품 설명회에서 한 말이다. '그게 가능한 일인가?' 사람들은 의아해했다. 그 의아함을 놀라움으로 바꾸며 아이폰은 등장했다. 2009년부터 우리나라에 아이폰이 보급됐고 MP3와 디지털 카메라 시장은 몰락하기 시작했다. 지금 우리는 궁금한 게 생기면 아이폰만 켜면 된다. 컴퓨터가 없어도 바로바로 검색이 가능하다.

아이폰의 등장은 쇼핑 시장도 바꾸어놓았다. 포화 상태에 이른 인터넷 쇼핑몰은 자체 앱을 개발하기 시작했다. 나도 모르는 사이 내 핸드폰에는 여러 유통사와 쇼핑몰 앱이 깔려 있다. 가끔 들어가 눈팅을 즐긴다. 그러다 대부분 참지 못하고 구매 버튼을 누른다. 그렇게 또 다른 종류의 쇼핑이 자연스럽게 시작됐다.

그렇다면 지금은? 단순 모바일 쇼핑에서 한 단계 업그레이드된 라이브커머스 쇼핑의 시대가 도래했다. 라이브커머스(Live Commerce)는 온라인 생중계 방송의 'Live Streaming'과 전자상거래를 뜻하는 'E-commerce'의 합성어로, 생방송으로 진행하는 온라인 쇼핑을 뜻한다. 소비자와 채팅으로 소통하며 상품을 판매하는 동영상 스트리밍으로 아직 익숙지 않은 사람들이 많을 것이다.

하지만 나는 확신한다. 이전의 쇼핑 흐름으로 예상컨대 쇼핑 플랫폼은 분명 라이브커머스로 이동할 것이다. 이전에는 국내시장을 기반으로 한 쇼핑이 대부분이었다. 알리바바나 아마존 등의 플랫폼이 있지만 해외시장은 남의 이야기였다. 하지만 라이브커머스는 다르다. 내 집, 내 거실에서 방송하면서 해외의 소비자들에게 물건을 팔 수 있다. 반대로 소비자 역시 전 세계의 상품을 안방에서 간단하게 쇼핑할 수 있다.

라이브커머스의 장점은 무엇일까? 바로 재미다. 쇼핑에 재미가 웬 말인가 싶겠지만, 한번 생각해보자. 현재 우리는 동영상 스트리밍 시대에 살고 있다. 내가 원하는 분야의 정보를 검색해 동영상으로 배운다. 하이라이트만 편집된 예능도 오락거리로 즐긴다. 매일 아침 출근하는 직장인은 지하철에 앉아 경제 관련 토크쇼를 생방송으로 본다. 얻을 만한 정보가 꽤 많다. 그러니 손에서 놓기가 쉽지 않다.

라이브커머스 역시 동영상 기반의 콘텐츠로 소비자들이 소비하는 부분도 비슷하다. 재미가 있고 실속 있는 쇼핑을 원한다. 유명 연예인의 입담과 설명에 빠져들어 구매하지 않더라도 예능처럼 시청한다. 쇼핑과 엔터테인먼트의 결합이다. 탄탄한 제품력이 뒷받침된다면 시장이 커지지 않을 이유가 없다.

라이브커머스 중심에
중국이 있다!

모바일로 방송을 시작한 지 약 30분 만에 2만 세트의 화장품이 판매된다. 금액으로 따지면 수억 원에 달한다. 이 일은 실제 4~5년 전 지인이 자사 브랜드 제품을 판매하기 위해 중국의 인플루언서를 섭외해 방송했을 때 일어난 일이다. 대중에게 '왕홍'이라는 단어가 아직 익숙하지 않을 때였다. 실제 이 모습을 목격한 관계자들은 탄성을 질렀다. 방송을 함께 진행한 지인은 너무 놀라 손까지 떨고 있었다. 그때 깨달았다.

'이거다! 앞으로 시장은 라이브커머스로 갈 것이다!'

하지만 우리나라에서는 쉽게 라이브커머스 시장이 성장하지 못하고 있다. 왜 그럴까? 바로 탄탄한 수요층을 갖춘 TV 홈쇼핑과 온라인 쇼핑몰

때문이다. 새로운 플랫폼이 진입하기에 그 장벽이 너무 높다. 비교적 TV
와 인터넷 보급률이 높은 한국에선 굳이 모바일 쇼핑을 이용할 이유가 없
는 것이다.

반면 중국과 일부 동남아시아는 인터넷의 보급률이 높아지기 전에 스
마트폰 보급률이 먼저 빠르게 올라갔다. 즉, 한국은 너무 빨리 발전했기
때문에 오히려 라이브커머스 시장에서 후발 주자가 됐다. 이번에는 라이
브커머스가 가장 발달한 중국 시장을 살펴보자. 중국의 라이브커머스는
왕홍과 함께 시작됐다.

왕홍이 폭발시킨 중국의 라이브커머스

다음 쪽의 그래프에서 볼 수 있듯 최근 3년간 중국의 라이브커머스 성장
률은 폭발적이다. 2017년 190억 위안(한화 약 3조 2,000억 원)에서 2020년
9,610억 위안(한화 약 165조 원)으로 3년간 약 50배에 달하는 성장률을 보
였다.

중국은 2005~2014년까지 개인이 방송하는 스트리밍이 유행을 이끌었
다. 각자 개인 계정을 만들어 재미있는 콘텐츠로 주목을 받았다. 그러다
2015~2017년에 스마트폰 보급률이 급격히 늘어나면서 자연스레 더 큰
규모의 범 엔터테인먼트적 사업으로 확장됐다.

그리고 2018년 두각을 나타낸 것이 바로 왕홍이다. 개인 방송으로 탄
탄한 팬층을 확보한 인플루언서가 본격적으로 라이브커머스 시장에 뛰어

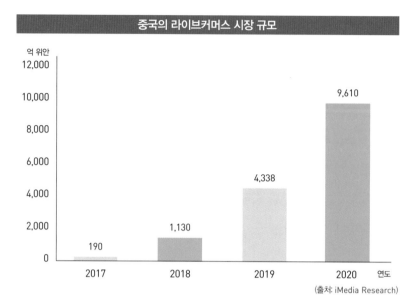

(출처: iMedia Research)

들었다. 그들에게 열광하는 팬들은 자신의 스타가 판매하는 상품에 막대한 신뢰를 나타냈다. 그렇게 연간 11조 원 규모의 왕홍 경제가 탄생했다.

2020년에 들어서며 유명 연예인, 기업의 총수 등 여러 분야의 영향력 있는 인사가 대대적인 활동을 시작하며 라이브커머스 시장을 키우고 있다. 2020년 3월 기준 중국 스트리밍 플랫폼 가입자는 5억 6,000만 명이다. 중국 네티즌의 약 62%에 달하는 수치다.

왕훙 마케팅, 정말 효과 있을까?

왕훙의 마케팅 성공 사례는 이미 너무 많다. 최근 주목받는 미디어는 단연 '틱톡'이다. 이전엔 왕훙이 나와 이야기하면서 제품을 설명하는 소통 방식의 마케팅이 주를 이뤘다면, 요즘에는 화면을 빠르게 넘기는(Swipe) 방식이 주류라 틱톡을 통한 빠르고 임팩트 있는 마케팅을 선호한다. 하지만 불특정 다수가 빠르게 화면을 넘기기 때문에 타깃 마케팅 면에선 효과가 미비할 수 있다. 이를 보완하기 위해 텍스트 표기가 가능한 연계 사이트에 제품 정보를 자세히 올리고 해당 링크를 틱톡에 담는 식으로 진행 중이다.

왕훙은 기존 재미 위주의 콘텐츠에서 이제 지식과 정보를 전달하는 콘텐츠로 내용이 변하고 있다. 왕훙 마케팅을 통한 성공적인 사례로 꼽히는 분야가 바로 관광 산업이다.

LG헬로비전에서 진행한 왕훙 마케팅을 예로 들어보겠다. LG헬로비전은 중국의 아프리카TV로 불리는 잉커즈보와 마케팅 협업을 추진했다. 잉커즈보는 가입자 수가 억 단위를 넘고 하루 이용자 트래픽이 2,000만 명에 달하는 스트리밍 플랫폼이다. LG헬로비전 충남방송에서는 '충남 보령 활성화'라는 주제로 한 달 동안 홍보 활동을 펼쳤다. 두 명의 왕훙이 직접 충남 보령을 돌아다니며 유명 관광지와 먹거리 등을 홍보했다. 동시 접속자 수만 334만 명을 기록했고, 누적 조회 수는 765만 건에 육박했다. 우리나라 인구의 7분의 1이 넘는 사람이 한 채널의 스트리밍을 통해 충남 보령에 대한 홍보 영상을 시청한 셈이다. 홍보 비용으로 수치화하면 막대한 금액이다. 이는 앞으로 해외 유튜버 혹은 왕홍과 함께 만들어 나갈 시장이라 할 수 있다. 국경을 뛰어넘어 좋은 제품과 콘텐츠가 있다면 세계시장을 대상으로 마케팅할 수 있는 환경이 조성되고 있는 것이다.

반대로 중국 현지 법인으로부터 라이브커머스 협업 요청이 늘고 있는 추세다. 매력 있고 세련된 한국의 유명 인플루언서가 출연해 한국 제품을 판매하는 게 매출 상승에 더 효과적이라고 판단하는 것이다. 한 분야의 전문가인 한국인이 진행하는 것만으로도 그들에겐 하나의 콘텐츠가 된다. 물론 중국어나 영어를 할 필요도 없다. 그냥 한국인 모습 그대로를 보여주는 게 더 매력적이라 판단하는 시장이다. 기존의 방송보다 더 자연스럽고 다양성을 추구하는 라이브커머스는 향후 다국적화되는 시장에도 대비하고 준비해야 할 것이다.

이제 달린다!
미국의 라이브커머스

2019년 시작된 코로나19(COVID-19)로 인해 대형마트 시장의 상징인 미국마저 소비 활동의 구조가 오프라인에서 온라인으로 빠르게 재편되고 있다. 그 움직임은 특히 이커머스에서 두드러지게 나타난다. 미국 전자상거래 시장 규모는 2019년 약 3,650억 달러(한화 약 413조 원)에서 2020년 7,098억 달러(한화 약 413조 원)로 2배 이상 성장했다. 세계 2위로 중국 다음이다. 아직 라이브커머스의 비중은 2019년 기준 5% 미만(한화 약 200억 원)으로 추정된다. 그렇다면 앞으로 미국의 라이브커머스는 어떻게 진화할까? 그리고 이를 주도할 기업은 누가 될까? 앞으로 미국에서 주목해야 할 기업은 크게 세 곳이다. 아마존과 페이스북 그리고 구글이다.

수백 년 역사의 백화점들이 사라지고 있다

코로나19의 충격으로 쇼핑의 대명사인 백화점들이 속속 문을 닫고 있다. 미국 백화점 체인 중에 가장 오래된 '로드앤테일러'(1826년 설립)는 2020년 8월 2일 파산 신청을 했다. 195년의 역사를 자랑하는 백화점이다. 심지어 이 백화점을 인수한 토트사 역시 함께 파산했다. 그뿐만이 아니다. 미국의 대표 명품 백화점 '니만마커스'(1907년 설립), 'JC페니'(1902년 설립)또한 파산하거나 파산 보호 신청을 했다. 영국의 '데버넘스'(1778년 설립), 독일의 '갈레리아 카우프호프'(1879년 설립) 등 유럽에서도 대형 백화점들이 줄줄이 파산하고 있다.

이는 단지 코로나19의 영향이라고는 할 수 없다. 그동안 오프라인 쇼핑의 영향력이 줄어들고 있던 것이 이번 팬데믹으로 터졌다고 보는 게 더 정확할 것이다. 오프라인에서 온라인으로 소비자가 이동하고 있음을 가장 크게 느낄 수 있는 부분이다.

유통 괴물, 아마존

아마존은 '아마존 라이브 크리에이터'라는 앱을 통해 실시간 커뮤니케이션 서비스를 지원한다. 인플루언서의 팔로어 수가 늘어날수록 그들의 레벨을 업그레이드해주고 더 많은 혜택을 받을 수 있도록 인센티브를 제공한다.

(출처: 아마존)

아마존의 특이한 점은 인플루언서가 자신이 좋아하는 상품을 소개하고 아마존 홈페이지와 연계해놓으면 팔로어가 해당 페이지를 클릭하는 수만큼 수익을 받을 수 있다는 것이다. 즉 인플루언서는 판매나 매출과 연동해서 수수료를 받는 개념이 아닌 구글 애즈와 같이 플랫폼을 중개자로 두고 홍보·마케팅에 대한 수수료를 받는 형태의 수익 구조를 갖는 점이 특징이다.

현재 아마존만의 프라임 비디오 서비스를 통해 새로운 라이브 콘텐츠를 제공하기 위한 준비도 진행 중이다.

SNS 마케팅 공룡, 페이스북과 인스타그램

지금까지 페이스북의 주요 수입원은 스폰서드 및 캠페인 광고다. 2012년 설립한 지 2년도 되지 않은 스타트업이었던 인스타그램을 약 10억 달러

(출처: 페이스북)

(한화 1조 2,000억 원)에 인수했다. 당시 인스타그램의 인지도가 높지 않았고 10억 달러 인수에 대한 이견도 많았지만 현재 그런 논란이 무색할 만큼 둘의 시너지 효과는 막대하다.

일단 둘 사이에는 확연한 차이가 존재한다. 그 첫 번째가 콘텐츠의 차이다. 콘텐츠는 이미지와 텍스트로 구분하는데, 인스타그램은 이미지의 중요성이 90% 정도다. 반면 페이스북은 상대적으로 텍스트가 중요하다. 이는 모바일에서 두 서비스를 실행한 뒤 배치를 보면 바로 알 수 있다. 인스타그램은 이미지가 먼저 배치되고 페이스북은 텍스트가 먼저 배치된다. 그래서 인플루언서들은 일명 '인스타그래머블'한(인스타그램에 올릴 만한) 이미지를 만드는 데 집중한다.

최근에는 인스타그램 안에 숍을 오픈하고 결제 시스템을 도입하면서 라이브커머스 시장에서의 영향력을 넓히고 있다. 전 세계인이 사용하는 SNS인 만큼 파급력도 클 것으로 기대된다. 또 페이스북 버전의 중고나라인 마켓플레이스에서도 라이브 기능을 추가할 예정이라고 발표했다. 마켓플레이스는 월간 10억 명의 이용자(AU, Active User)를 보유하고 있다.

크리에이터들의 첨단 과학 놀이터, 구글

2020년 7월 구글은 V커머스 쇼핑 플랫폼 '숍루프'(Shop Loop)를 출시했다. 이 앱의 특징은 상품에 대한 영상을 90초 미만으로 만들어 보여준다. 그들의 전략은 목적 구매가 아니라 재미를 미끼로 삼는 것이다. 중국의 틱톡처럼 짧고 회전이 빠른 영상을 보다가 마음에 드는 제품을 발견하면 바로 구매할 수 있다.

　비교적 늦게 출발했지만 구글의 행보가 기대된다. 앞으로 구글의 동영상 플랫폼인 유튜브를 활용한 라이브커머스도 생기지 않을까 기대한다.

(출처: 구글)

CHAPTER 2

이젠 라이브커머스밖에 없다!

한국의 라이브커머스 시장은
어떻게 변화할까?

현재 TV 홈쇼핑의 시장 규모는 2019년 기준 5조 7,268억 원(취급액으로는 약 20조 원)이다. 20년 가까이 쌓아온 홈쇼핑의 실적이라 볼 수 있다. 단순 판매·유통 채널이라는 점을 감안하면 엄청난 성과다. 우리나라의 홈쇼핑 매출액과 영향력은 글로벌 홈쇼핑 시장 기준 최고 수준이다.

그럼 라이브커머스는 어떨까? 2020년 기준 라이브커머스의 시장 규모는 약 3조 원이다. '벌써?'라는 생각이 들 것이다. 놀라긴 이르다. 2023년까지 시장 규모를 8조 원으로 예상하고 있으며, 2030년까지 약 30조 원의 시장이 형성될 것이라는 전망도 나오고 있다.

기존 홈쇼핑도 사실 엄청난 규모의 시장이지만, 라이브커머스 시장은 더욱 빠르고 넓게 확장될 전망이다. 기존 소비시장이 운동화를 신고 열심히 걷고 뛰며 일궈온 국내 기반의 시장이라면 라이브커머스는 장소와 국경을 초월해 날개를 달고 훨훨 날아다니는 시장이 될 것이다.

라이브커머스? 그게 뭔데?

모바일로 여기저기 인터넷 서핑을 하다 누군가 화면에 나와 먹고 마시고 웃고 떠드는 모습을 볼 수 있다. '이게 뭐지?' 싶은 마음에 한동안 화면에 시선이 고정된다. 일반인일 수도 있고 연기자일 수도 있다. 말을 잘하는 사람도 못 하는 사람도 신나게 떠들면서 춤까지 춘다. 어떤 방송에서는 유명 연예인이 나와 이야기보따리를 풀며 제품을 판매하고 있다. 제품에 대한 관심보다 예능 프로그램을 보는 느낌으로 구매자가 아닌 시청자가 된다. 다른 방송을 가보니 내가 좋아하는 브랜드의 옷이 나온다. 살까 말까 고민하며 눈여겨보던 상품이다. 그렇게 한참을 또 지켜본다. 도대체 이 채널은 뭐지?

모바일로 실시간 소통하며 쇼핑하는 채널, 바로 라이브커머스다. 그렇다면 기존의 쇼핑 플랫폼과 라이브커머스의 차이는 무엇일까? 진입장벽이다. 기존 쇼핑 플랫폼에서는 판매자와 공급자가 명확히 구분되어 있었지만 이제 그 경계선이 무너졌다. 제조자가 판매자가 되고 CEO, 유명 연예인, 가정주부 할 것 없이 모두 판매를 한다. 상품만 존재한다면 누구라도 방송을 켜고 진행할 수 있다.

준비? 사실 준비도 크게 필요치 않다. 복잡하고 어려운 시스템을 다뤄야 하거나 정형화된 방송 스킬을 구사하지 않아도 된다. 특별한 장소가 필요한 것도 아니다. 세상 어느 곳이든 무대가 될 수 있고, 누구든 판매자가 될 수 있다.

그러나 막상 방송 경험이 없는 사람들이 라이브커머스에 도전하려고 하면 방송에 대한 부담감을 가질 수 있다. 방송을 10년 넘게, 그것도 판매업에 종사해온 사람으로서 단언한다. 라이브커머스 시장에서 일반인 참여는 그리 어려운 일이 아니다. 아주 쉽다. 간단한 포맷과 입점 방식 등에 대한 기본적인 지식만 갖춘다면 방송을 통해 나만의 상품을 판매하고 그로 인해 수익을 얻는 파이프라인을 만들 수 있다. 상가도 건물도 스튜디오도 사무실도 아무것도 필요 없다. 그야말로 하고자 하는 의지만 있으면 진입할 수 있는 것이 라이브커머스다.

하지만 현재 라이브커머스 시장을 실제 활용하는 사람은 많지 않다. 아니 그것의 존재조차 모르는 사람들이 더 많다. 앞으로 쿠팡은 물론 대부분의 백화점에서도 라이브커머스를 시작한다고 하니 그때가 돼야 사람들은 관심을 가질 것이다. 우리는 그전에 미리 준비해두고 더 커지는 시장에서 마음껏 활약하면 된다.

사람들이 몰려들 수밖에 없는 이유

우연히 자신이 좋아하는 브랜드 채널을 발견해 시청하던 A씨. 겨울을 맞아 신상이 나왔다. 딱! 내 스타일이다. 가격을 확인하기 위해 상품 '더 보기' 버튼을 클릭한다. '방송 중에만 40% 세일!' 이 유혹을 넘길 수 있는 사람이 얼마나 될까? 이것이 바로 라이브커머스의 힘이다.

유통비나 진행비가 따로 들어가지 않는 라이브커머스는 가격 혜택이 엄청나다. 중간 유통 단계가 사라졌기 때문이다. 제조사 공장에서 상품 제작하는 모습을 실시간으로 보여주며 판매한다. 농가에서 귤을 따 먹으며 실시간으로 주문을 받고, 바닷가에서 시식하며 새우를 판다. 어떤 비용이 들겠는가? 기껏해야 인건비 정도다. 그러니 파격적인 가격 혜택을 줄 수밖에 없다. 소비자가 이 시스템을 이해한다면 라이브커머스에서 쇼핑하지 않을 이유가 전혀 없다.

무한한 기회의 장이 열린다

"여기는 사우디아라비아인데요. 김치 배달되나요?"

라이브커머스로 그릴 수 있는 가장 혁신적인 미래의 모습이다. 라이브커머스 서핑을 하다 보면 다양한 장소가 나온다. 일반 사무실, 가정집, 바닷가, 산속 등 별의별 곳에서 방송이 진행된다. 그러다 익숙하지 않은 배경이 보인다. 창문 너머 보이는 건 설마 에펠탑? 심지어 지금은 밤인데 저곳은 밝은 대낮이다. 컴퓨터 그래픽인가 싶었는데 실제 프랑스가 아닌가! 제품을 보니 프랑스를 대표하는 명품이다. 심지어 가격도 싸다. 이것은 현재도 일어나는 일이다. 해외 직구로 바로 연결되는 시스템이 라이브커머스다.

라이브커머스에선 물건을 파는 데 국경이 없다. 이제 우리는 중국을 넘어 중동, 흔히 이야기하는 오일 머니를 벌 수 있는 방법을 찾고 있다. 한류 열풍이 휩쓸고 있는 그곳에서 말이다.

한번 상상해보자. 집에서 내가 좋아하는 김치로 방송을 한다. 김치찌개를 끓이고 라면에 김치를 곁들이고 김치전을 만들어 먹방을 시작한다. 한류 열풍으로 한국의 쇼핑 플랫폼을 많이 이용하는 중동인들은 김치 방송을 보며 자연스럽게 구매 버튼을 누른다. 순식간에 수출이 일어난다. 그것도 내 집 거실에서. 이것이 미래 시장이다.

언어의 장벽? 무엇이 걱정인가. 해당 언어를 구사할 줄 아는 게스트를 섭외하면 끝날 일이다. 얼마 안 있어 자동 통역 서비스가 제공될지도 모른다. 이것이 현재 상상 가능한 미래의 진화한 쇼핑 모습이다.

1인 언택트 창업,
라이브커머스가 답이다!

"작년에 퇴사한 영업팀 과장님 알지? 퇴직금으로 치킨집을 차렸는데 다 날리셨대."

주변에서 흔히 들을 수 있는 창업 이야기다. 100세 시대가 되면서 평생 직업이 사라진 지금, 제2의 직업을 찾는 이들의 입에선 '기-승-전-치킨집'이라는 우스갯소리가 있을 정도다. 창업은 모든 이들의 꿈인 동시에 어쩔 수 없이 선택하게 되는 마지막 수단이다.

하지만 창업은 결코 쉽지 않다. 비용, 시간, 기술, 분석, 예측, 홍보 등 모든 분야에 능통해야 성공할 수 있다. 그게 아니라면 전문가의 도움을 받아야 한다. 특히 시간과 비용은 창업과 떼려야 뗄 수 없는 관계이기 때문이다. 게다가 코로나19와 같은 각종 바이러스로 인한 자연 이상 현상과 늘어나는 미세먼지 등으로 야외 활동을 꺼리는 사람들이 늘어나는 이 시점에 창업은 기회일까? 아니면 무모한 행동일까?

만약 사람들이 돌아다니지 않고 가만히 앉아 내 제품을 사 간다면 이야기가 달라지지 않을까? 어찌 됐든 사람들은 소비를 하며 생활할 수밖에 없으니까 말이다.

밖에서 쇼핑하는 시대는 지났다

나는 부동산에 관심이 많다. 부동산 사기를 한 번 겪은 후 이를 악물고 부동산 공부에 매진했다. 부동산 관련 기사와 정보들을 접하다 보면 항상 중요하다고 강조하는 것이 있다. 바로 상권이다.

사실 상권은 부동산뿐 아니라 창업을 하는 데 있어서도 아주 중요하다. 횡단보도, 버스정류장, 지하철 출입구, 학교, 상업시설과 사무시설 위치 등 사람들이 많이 다니는 '길목'을 찾는 것이 관건이다. 그런데 문제는 아무리 봐도 사람들의 동선을 파악하기가 쉽지 않다. 실제 그곳에 거주하며 매일 출퇴근하지 않는다면 알기 어렵다.

우여곡절 끝에 상권 분석이 끝나면 업종에 대한 고민이 시작된다. 업종까지 정하면 이제 홍보·마케팅을 고민해야 할 시간이다. 고객이 무엇을 필요로 하는지, 어떤 상품에 만족해하는지 알아야 한다. 고객의 목소리에 따라 비즈니스 서비스나 제품을 계속 업그레이드시켜야 한다. 창업은 이 모든 일을 혼자 해야 한다. 한 번도 경험해 보지 못한 일의 전체 프로세스를 스스로 구축하고 실행해야 한다.

너무 어렵다 보니 전문가의 조언을 받는다. 다달이 내는 월세도 힘들고 아르바이트생 인건비도 간신히 해결하는데 컨설팅까지 받고 유료 광고를 하자니 걱정이 이만저만이 아니다. 잠도 오질 않는다. 이 모든 험난한 여정을 거쳐 창업했건만 단순히 사람이 많이 모이는 곳이라 해서 무조건 성공이 보장되는 것도 아니다.

심지어 코로나19로 인해 밖에서 쇼핑하는 시대가 막을 내렸다. 물론 상황이 나아지면 어느 정도 오프라인 상권은 살아날 것이다. 하지만 이미 편안한 쇼핑에 익숙해진 소비자의 쇼핑 패턴은 어떻게 될까? 꼭 손으로 만져보고 느껴본 후 선택해야 하는 상품이나 오래 생각하고 타제품과 비교해야 하는 고가 상품을 제외하고는 달라지지 않을 것이다. 오히려 배달 문화는 더욱더 확대될 가능성이 높다. 한번 편안함을 맛본 고객은 조금 더 수고스러운 예전 방식으로 돌아가지 않는다. 이미 쇼핑의 패턴은 모바일로 이동하고 있다.

잠들기 전 당신은 무엇을 하는가? 스마트폰으로 SNS를 둘러보고 뉴스거리를 찾아보고 사고 싶은 물건을 검색한다. 그것이 삶의 패턴이 됐다. 이제는 살 물건의 정보를 찾기 위해 굳이 컴퓨터 전원을 켜고 부팅 시간을 기다리지 않는다. 컴퓨터 앞에서 바른 자세로 앉아 쇼핑하는 시대는 지났다. 검색하고 비교하고 결재하는 이 모든 것을 손바닥 안에서 해결할 수 있는 시대이기 때문이다.

상권과 입지가 중요하지 않은 시대

쿠팡이츠나 배달의민족 등의 앱을 사용해본 적이 있는가? 갑자기 먹고 싶은 음식이 생각나거나 반찬거리가 부족할 때 앱을 켜서 주문하면 나 대신 장을 보고 1시간 이내에 배달해준다. 내가 준비하고 나가는 시간을 고려하면 결코 긴 시간이 아니다. 이건 단순히 배달해 먹는 음식과는 또 다른 이야기다. 햇반 한 팩, 스팸 한 캔, 냉면 한 봉지 등 마트에서 사야 할 법한 식료품을 손가락으로 톡톡 선택해 결제하면 필요한 물건이 배송되는 것이다.

한번 생각해보자. 사람들은 주말마다 꽉 찬 주차장에 차를 대고 복잡한 마트에서 장을 보는 걸 좋아할까? 아니면 모바일로 식료품을 미리 주문해놓고 아내 혹은 남편, 아이와 함께 공원으로 산책을 다녀왔을 때 집 앞에 친절히 놓여 있는 걸 좋아할까?

이젠 소비자가 아닌 판매자가 되어보자. 내가 기획하고 진행했던 독도 새우 방송을 예로 들어보겠다. 울릉도 부두에 테이블을 펴고 진행자 두 명이 나와 신나게 새우를 까먹고 볶아 먹고 쪄 먹는다. 맛깔나는 맛 표현과 표정으로 사람들의 시선을 사로잡는다. 진행자는 '진짜 맛있다! 넌 이거 없지?'라는 표정과 뉘앙스로 시청자의 혼을 쏙 빼놓는다. 보는 이들은 군침을 흘리며 울릉도 앞바다가 주는 신선한 새우에 무한 신뢰를 보낸다.

뒤에 있는 사진을 보자. 오른쪽에 서 있는 사장님은 방송 경험이 단 한 번도 없었지만 정감 있는 말투와 순수한 이미지로 시청자의 큰 호응을 얻었다. 이전 TV 홈쇼핑은 판매 위주의 방송이기 때문에 출연자를 전문 방

송인으로 구성해 최대한 매끄럽고 간결하게 진행했다. 정형화된 방송을 선호하던 시대였다.

하지만 라이브커머스는 그야말로 날것 그대로를 보여줘야 더 인기가 많고 이목을 끈다. 이것이 라이브커머스의 장점이다. 발성, 발음, 연기, 이미지 메이킹 등에 신경 쓰거나 그런 교육을 받는 데 시간을 허비할 필요가 없다. 아마추어와 프로의 경계가 사라진 시장인 만큼 진입장벽이 낮다. 라이브커머스를 시작할 때 가장 큰 장벽은 바로 선입견이다. 잊지 말자. 누구나 언제 어디서든 무엇이든 할 수 있는 것이 라이브커머스다.

그렇다면 결과는 어땠을까? 1시간짜리 방송을 오전, 오후 두 번 진행했다. 판매한 금액은 약 3억 원 정도로 역사적인 매출을 기록한 상품이다. 그렇다면 해당 방송에 투입된 비용은 대략 얼마였을까?

독도새우 라이브커머스 비용 내역

쇼호스트 비용:	150만 원
제작 지원 인력:	50만 원
차비 및 식대:	50만 원
장비 대여:	20만 원
기획 및 콘티:	50만 원
총비용:	320만 원

여기에서 유념해야 할 부분은 해당 쇼호스트는 당시 선호도가 높은 진행자였다. 그래서 고용비 자체가 높은 편에 속했다(1회가 아닌 2회 방송임을 감안하자). 사실 울릉도라는 지리적 거리도 있어 비용이 다소 높게 책정됐다. 하지만 보통 진행자는 30만~100만 원 선에 섭외가 가능하다. 야외에서 진행한 방송이었기 때문에 따로 장소에 대한 비용이 들어가지 않았던 점 또한 특이사항이다.

보통 상품을 갖고 있는 제조사나 사업자가 대행사를 통해 방송을 진행하면 200만~300만 원 정도의 비용이 든다. 그럼 다시 계산해보자. 매출은 3억 원이고 모든 대행 비용은 320만 원 정도였다. 이해를 돕기 위해 각종 세금과 결제 수수료를 배제하고 단순 계산하면 2억 9,680만 원의 수익을 남긴 셈이다. 아무 점포 없이 부둣가 한가운데서 엄청난 매출이 일어났다. 이것이 라이브커머스의 힘이다.

그런데 만약 상품을 가진 당사자가 라이브커머스에 대한 이해도가 높고 직접 진행할 수 있을 정도로 시스템을 잘 알고 있다면? 320만 원의 제반 비용도 상당 부분 수익으로 돌릴 수 있다. 3억 원의 매출 중 320만 원이라는 비용은 작아 보일 수 있다. 그러나 억대 매출이 그리 쉬운 일이 아님을 감안한다면 여러 번의 방송을 통해 시행착오를 겪으면서 스스로 성공 확률을 높여야 한다. 이때 비용 절감은 얼마나 큰 이점이겠는가.

결국 상품만 있다면 무자본으로 방송해도 매출을 일으킬 수 있다는 결론을 도출할 수 있다. 사무실이나 상가 건물을 알아볼 필요도 없고, 그에 대한 월세나 예산도 걱정할 필요가 없는 창업이 바로 라이브커머스인 것이다.

라이브커머스 앱 전성시대

수년 전에도 라이브커머스 형태의 방송 플랫폼이 존재했다. 하지만 당시 한국에서는 이커머스가 자리를 잡고 있을 때였다. 온라인 쇼핑몰과 블로그 공동구매가 활발해져 라이브커머스 시장은 조용히 묻혔다.

2020년 들어 라이브커머스 시장이 재정비하면서 새롭게 주목받기 시작했다. 라이브커머스 시장에 안착한 첫 주자는 '잼라이브'다. 진행자가 내는 간단한 퀴즈를 토너먼트 형식으로 풀어 마지막 문제까지 맞추면 몇십만에서 몇백만 원의 상금을 주는 앱이다. 여기에 모인 접속자 수가 수만 명에 달했다. 하나의 채널에 사람들을 모아 상품을 파는 라이브커머스의 기본 조건이 갖춰진 것이다. 사람이 모이자 자연스럽게 쇼핑 공간이 탄생했다.

SNS의 형태를 빌려 팔로어 증가 방식의 쿠팡이나 그립 같은 방식의 플랫폼도 생겼다. 아프리카TV처럼 스트리밍 플랫폼에 상품 판매 기능을 추가해 시장 진출을 노리기도 한다. 어떤 형태의 플랫폼에서 출발하고, 어떤 방식을 차용하든 공통점은 영상 콘텐츠와 모바일 쇼핑이 결합할 수만 있다면 라이브커머스 플랫폼이 될 수 있다는 것이다.

이제 막 도입기에 접어든 라이브커머스 시장은 2021년부터 폭발적인 성장기에 접어들 것이다. 백화점, 오픈마켓, SNS, 스트리밍 등 다양한 기업이 라이브커머스에 관심을 보이고 있다. 심지어 몇몇 플랫폼의 해외 진출 소식은 시장의 확장 가능성이 세계로까지 열려 있음을 보여준다.

PART 2

도전!
라이브커머스 실전

따라만 하면 나도 억대 매출의 라이브커머스 킹셀러!

CHAPTER 3

라이브커머스
첫발 내딛기

개인사업자와 법인,
어떻게 다를까?

지금까지 라이브커머스의 필요성에 대해 알았다면 이제 시작해야 할 단계다. 우리나라에서 판매 행위를 하려면 반드시 정부의 허가를 받거나 신고를 해야 한다.

사업자등록은 보통 개인, 간이, 일반, 법인 사업자로 나누어진다. 한 번이라도 개인 사업이나 자영업을 해본 사람이라면 사업자등록을 하는 데큰 어려움이 없을 것이다. 하지만 이 책은 1인 라이브커머스 창업을 위한 A부터 Z까지의 모든 내용을 담아 누구나 따라할 수 있도록 방법을 알려주는 것이 주목적이다. 따라서 사업의 첫 시작인 사업자등록에 대한 내용부터 짚어볼 생각이다. 혹 개인사업자와 법인 등록에 대한 모든 절차를 아는 사람은 이 부분은 스킵해도 좋다.

사업을 시작할 때 첫 고민은 개인사업자로 할지 혹은 법인으로 할지다. 왜 고민할까? 개인사업자와 법인사업자가 어떻게 다른지 잘 알지 못하기 때문이다. 어떤 차이가 있는지 정확히 이해할 수 있도록 몇 가지 항목으로 나누어 설명하겠다.

네이버의 경우 라이브커머스를 운영하려면 스마트스토어가 기반이 되어야 한다. 사실 스마트스토어는 개인사업자가 아닌 개인으로 운영이 가능하지만, 시간이 흐르면 여러 제한적인 상황이 생겨 사업자등록이 필요해진다. 그래서 여기에선 개인이 사업자등록 없이 운영하는 방식은 생략하겠다. 개인사업자와 법인은 사업을 하는 과정에서 세법이나 자금 활용에 큰 차이가 있으니 다음의 내용을 참고하길 바란다.

절차와 비용

개인사업자는 설립 절차가 매우 간편하다. 사업 규모가 작고 자본이 충분하지 않거나, 많은 자본이 필요하지 않을 때는 개인사업자로 설립한다. 법인은 말 그대로 법에 대한 구속력을 갖기 때문에 법원에 설립 등기를 해야 하는 등 절차가 다소 까다롭다. 또 자본금과 등록면허세, 채권 매입 비용 등 설립 비용도 필요하다.

법인을 설립해본 경험이 있다면 '온라인 법인설립시스템' 사이트를 이용해 혼자서도 가능하겠지만, 시간적 부분을 고려하면 법인 설립 대행업체를 이용하는 것이 좋다. 단 약간의 대행 수수료를 부담해야 한다는 점을 기억하자.

자금 조달과 이익 분배

개입사업자는 말 그대로 한 개인의 자본과 노동력으로 만든 기업이다. 그래서 사업으로 발생한 이익을 개인적인 금융과 부동산에 투자하거나 생활비로 사용해도 전혀 간섭을 받지 않는다. 소규모로 사업을 진행할 생각이라면 개인사업자가 자금 활용에 유리할 수 있다.

반면 법인 자금은 주주를 통해 조달된다. 법인은 주주와 별개로 독자적인 경제 주체다. 자본금과 경영에 사용되는 비용, 회사에서 발생하는 이익은 적법한 절차를 통해서만 인출하고 사용할 수 있다. 내가 내 자본을 들여 만든 회사라 할지라도 법인 자금을 사용하려면 적법한 절차와 명분이 필요하다. 개인 계좌처럼 마음대로 사용할 수 없다. 만약 대표이사 혹은 주주가 법인 자금을 사용할 목적으로 인출할 때는 적정한 이자(법정이자 안에서)를 낸 후 빌리는 형태가 된다.

책임 소재

개인 사업을 운영하다 문제가 발생하면 그로 인해 발생한 금전적 부채나

위험 등 모든 책임은 사업주 혼자 져야 한다. 혹 은행 부채, 인건비, 세금 등을 해결하지 않고 기업에 취직해 소득을 얻게 되면 압류당할 확률이 매우 높다.

하지만 법인은 문제 발생 시 주주가 출자한 지분 한도 내에서 책임을 진다. 기업이 도산하거나 파산할 경우 그 피해를 분산하거나 최소화할 수 있다.

세법상 차이

개인사업자와 법인은 세금에서 차이가 크다. 개인사업자의 소득에 대한 세금은 종합소득세다. 이때 주의할 점은 사업자 대표 본인의 급여는 인건비로 인정되지 않는다.

법인은 소득에 대한 법인세가 과세된다. 개인사업자와 다르게 법인의 대표이사는 엄연히 법인에서 고용된 고용인이기 때문에 대표이사의 급여는 법인 비용으로 처리할 수 있다. 또 개인사업자와 다르게 고정자산이나 유가증권 처분이익도 법인세의 과세 대상이 된다.

개인사업자의 종합소득세율은 6~42%에 따라 초과 누진세율이 적용된다. 오른쪽 개인사업자 종합소득세율표를 보면, 소득이 1,200만 원 이하일 경우 세율은 6%이고, 누진공제액은 없다. 반면 소득이 5억 원을 초과할 경우 42%의 세율이 부과된다.

개인사업자 종합소득세율표

과세표준	세율	누진공제액
1,200만 원 이하	6%	–
1,200만 원 초과 ~ 4,600만 원 이하	15%	108만 원
4,600만 원 초과 ~ 8,800만 원 이하	24%	522만 원
8,800만 원 초과 ~ 1억 5,000만 원 이하	35%	1,490만 원
1억 5,000만 원 초과 ~ 3억 원 이하	38%	1,940만 원
3억 원 초과 ~ 5억 원 이하	40%	2,540만 원
5억 원 초과	42%	3,540만 원

(출처: 국세청)

법인의 경우 새로 개정된 2020년 법인세율은 총 4단계이며, 누진세율을 적용한다. 2억 원 이하는 10%이며, 최대 3,000억 원 초과 시 25% 세율이 적용된다.

법인사업자 법인세율표

과세표준	세율	누진공제액
2억 원 이하	10%	–
2억 원 초과 ~ 200억 원 이하	20%	2,000만 원
200억 원 초과 ~ 3,000억 원 이하	22%	4억 2,000만 원
3,000억 원 초과	25%	94억 2,000만 원

(출처: 국세청)

사업 규모와 지속성을 고려해 선택하자

사실 사업을 해보지 않은 사람이라면 앞에서 언급한 내용을 이해하지 못할 수 있다. 처음에는 나 역시도 그런 의문을 가졌다. 내 돈으로 설립한 회사(법인)인데 왜 내 마음대로 돈을 사용하지 못하지? 개인사업자를 이해하는 데는 큰 어려움이 없지만 법인은 조금 다르다.

법인은 크게 설립 목적에 따라 영리법인과 비영리법인으로 나뉘고, 법인의 구성 요소에 따라 사단법인과 재단법인으로 나뉜다. 보통 우리가 이야기하고 설립하려는 법인은 사단법인 중 영리법인이다. 다음의 표를 보면서 사단법인과 재단법인이 어떻게 다른지 알아보자.

사단법인과 재단법인의 구분

구분	사단법인	재단법인
법인의 구성	일정한 목적을 위해 결합한 '사람'을 구성 요소로 하는 단체	일정한 목적을 위해 '재산 출연'을 구성 요소로 하는 단체
법인의 형태	영리 형태 및 비영리 형태 가능	비영리 형태만 가능
설립 행위	2인 이상의 설립자가 정관을 작성해 주무관청의 허가를 받아야 함	설립자가 재산을 출연하고 정관을 작성해 주무관청의 허가를 받아야 함
정관 변경	사원총회의 결의 + 주무관청의 허가	정관에 정관 변경 방법 기재 + 주무관청의 허가
법인의 기관	사원총회의 의사결정	설립자의 의사
법인의 해산	임의해산 가능	임의해산 불가

(출처: 국세청)

🛍️
TIP **법인 용어 바로 알기**

법인에 대해 자세히 알아보기 전에 먼저 용어부터 이해하고 가자. 사회적 구속력을 갖는 법전에서는 우리가 이야기하는 사람, 일반인을 '자연인'이라고 칭한다. 이들이 어떤 물건에 대한 소유권을 갖고 권리를 행사할 수 있는 권한을 '권리능력'이라 부른다. 자연인(사람)이 아닌 '일정한 사람의 집단'은 '재단'이라 칭하며, 재단이 권리능력을 갖는 경우 '사단'이라고 표현한다. 이 사단과 재단에 자연인과 같이 권리능력을 부여하는 것이 바로 '법인'(法人)이다. 즉 법인은 '법률에 의해 권리능력이 인정되는 단체 또는 재산'을 의미한다. 법인은 자연인과 마찬가지로 권리와 의무의 주체가 된다. 이에 따라 법적인 동시에 사회적으로 하나의 인격(人格)을 부여받은 새로운 주체인 것이다.

내가 세운 회사의 실제적 주인은 내(자연인)가 아니라 법률에 따라 권리능력을 인정받은 법인이다. 그 법인이라는 주체가 나(자연인)라는 대표이사를 고용하는 형태가 된다. 즉 법 아래 만들어진 구속력을 갖는 주체인 것이다.

그렇다면 왜 머리 아프게 이런 복잡하고 이해하기 힘든 사업자 형태를 만들었을까? 앞에서도 살짝 언급했지만 바로 법적 구속력과 투명성, 신뢰 등의 이유 때문이다. 뉴스에서 어떤 기업의 대표가 공금을 횡령해 구속영장이 신청됐다는 소식을 접한 적이 있을 것이다. 그도 마찬가지다. 자신의 자본으로 설립한 회사의 자금을 명확한 사용처를 밝히지 않고 무단으로 사용한 것이다. 법인이라는 주체의 돈을 자연인이 마음대로 사용한 결과다.

법인을 운영할 때 자금의 기록과 회계 처리는 상당히 중요한 부분이다. 주주들에게 반드시 공시할 의무를 지닌다. 심지어 법인의 주소 이전이나 대표이사가 주거지를 옮길 경우에도 일정 기간 내에 이를 등기부상에 수정해야 하는 의무가 부여된다.

일례로 나 또한 이러한 부분을 간과해 벌금을 낸 적이 있다. 처음 법인을 설립하고 마땅한 매출 없이 유지하던 법인 주소와 대표이사로 등재된 나의 이사한 집 주소를 등기부상에 수정해놓지 않아 450만 원이라는 거금의 벌금을 내야 했다. 이를 보더라도 법인의 기재 내용이 얼마나 정확하고 투명하게 운영되어야 하는지 알 수 있다.

법인과 관련해 세부적으로 들어가면 법인은 개인사업자와 비교할 때 많은 부분에서 차이가 있다. 그것을 다 논하기엔 지면이 많이 필요하기에 여기에선 생략한다. 대신 어떤 사업체를 선택할지에 대한 해결 방안을 제시하겠다.

혹여 사업을 하며 지속적인 확장을 염두에 두거나 자녀에게 물려줄 생각이라면 법인을 고려해야 한다. 사업체의 규모가 커진다는 것은 규모 있는 큰 회사들과 거래를 해야 한다는 의미다.

만약 몇백만 원 정도의 거래를 한다면 상대 회사에 대한 신뢰는 그리 중요하지 않을 수 있다. 하지만 몇천 혹은 몇억 원을 뛰어넘는 거래를 할 때는 그 회사에 대한 정보가 투명해야 한다. 사람 간에 돈을 거래할 때 상대방에 대한 믿음이 중요하듯 많은 이해관계와 법적 문제가 얽힌 기업 간 거래에서 신뢰는 중요할 수밖에 없다. 그래서 기업은 자금을 마음대로 사용할 수 있는 개인사업자가 아니라 법인과 거래하길 원한다.

개인사업자는 매달 수익을 조금씩 늘려가며 현금을 쌓고 자산을 증식하는 데 의의를 둔다. 반면 법인은 회사의 가치를 끌어올려 주가를 높이는 데 힘을 쏟는다. 만약 처음 시작하는 사업의 규모가 크지 않고, 몇 가지의 제품으로만 운영할 계획이라면 개인사업자로 시작해도 좋다. 이후 사업을 확장한 뒤 법인으로 전환하는 방법이 보편적이다. 혹은 1년 소득액이 2,000만 원을 초과한다면 세금적인 부분에서 법인을 설립하는 방법도 나쁘지 않은 선택이다.

개인사업자 vs. 법인사업자

라이브커머스를 시작하기 위해 가장 먼저 결정해야 할 사항이 어떤 사업자로 등록할 것인가다. 앞에서 개인사업자와 법인사업자에 대해 설명했지만, 이해가 되지 않는 이들을 위해 준비했다. 등록 절차와 비용, 세금, 자금 조달과 이익 분배, 책임 소재까지 한눈에 보면 어떤 사업자로 진행할지 결정하는 데 도움이 될 것이다.

개인사업자등록증

법인사업자등록증

구분	개인사업자	법인사업자
등록 절차	매우 간편	복잡
비용	비용 없음	법인 설립 등기 비용 (자본금, 등록면허세, 채권 매입 비용 등)
세금	• 종합소득세 • 누진세율 부담이 큼	• 법인세 • 누진세율 부담이 적음
자금 조달	본인	본인 + 주주
이익 분배	• 모든 소득은 본인 소유 • 분배하지 않음	적법한 절차를 통해 주주에게 분배
책임 소재	본인	주주 공동
자금 기록 및 회계처리	공지 의무 없음	의무적으로 주주에게 공지
대외 신뢰도	법인사업자에 비해 낮음	개인사업자에 비해 높음

개인사업자 또는
법인 설립하는 법

우리나라에서 사업을 운영하려면 여러 가지 증명 서류나 세금 관련 정보가 정말 많이 필요하다. 그렇다고 미리 겁먹을 필요는 없다. 다행히 IT 선진국으로서의 진가가 이곳에서 발휘된다.

국세청에서 운영하는 홈택스(www.hometax.go.kr) 시스템을 활용하면 사업에 필요한 여러 가지 서류를 손쉽게 발급받을 수 있다. 사업자 설립후 반드시 해야 할 세금 신고나 전자세금계산서 발행 등의 업무도 간편하게 이용할 수 있다. 따라서 홈택스 사용 여부는 선택이 아니라 필수다.

이 책에서는 홈택스를 활용한 개인사업자 설립 방법과 개인 혹은 대행업체를 통해 법인을 설립하는 두 가지 방법을 소개하겠다.

나도
킹셀러!

홈택스를 활용해
개인사업자 등록하기

홈택스에서는 사업자등록뿐 아니라 세금계산서 발행, 각종 민원 증명서, 소득 내역, 세금 정산 등 사업에 필요한 많은 업무를 볼 수 있다. 굳이 공공기관을 직접 방문하지 않아도 될 정도로 시스템이 체계적으로 잘 만들어져 있다. 시간이 된다면 사이트에 접속해 모든 항목을 꼼꼼히 숙지해보자. 추후 업무를 처리하는 데 많은 비용과 시간을 아낄 수 있다.

① 네이버에서 '홈택스'를 검색한다.

② 홈택스에 접속한 뒤 [로그인]을 클릭한다.

③ [공동·금융인증서] 버튼을 클릭해 로그인한다.

아직 공동인증서를 보유하고 있지 않다면 아이디를 생성한 뒤 로그인하면 된다.

2021년 1월 4일부터는 민간인증서로도 이용이 가능하다.

④ 인증을 마치고 상단 메뉴에서 [신청/제출]에 마우스를 갖다 대면 하위 메뉴가 나타난다. 그중 [사업자등록신청/정정 등]에서 [사업자등록신청(개인)]을 클릭한다.

[전체 메뉴]를 클릭하면 상당히 세분화된 메뉴들이 나온다. 사실 사업을 하면서모든 메뉴를 다 사용하지는 않는다. 그중 몇 가지 정도만 다루니 필요한 내용만 알아두면 좋다.

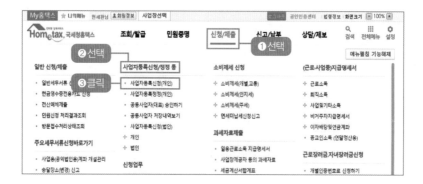

⑤ 사업자등록신청(개인)에 나오는 기본 인적사항에 개인정보를 입력한다.

빨간색으로 표시(*)된 부분은 필수 입력란이므로 빈틈없이 채워넣어야 한다. 상호명은 법인과 다르게 지역 내 비슷한 상호명이 존재해도 신청이 가능하다. 따라서 상호명을 짓는 데 큰 어려움은 없을 것이다. 주소지의 경우 개인사업자는 신청자가 주거하는 아파트도 사업장 주소지로 인정되기 때문에 굳이 사업장 소재지를 위해 사무실을 계약할 필요는 없다.

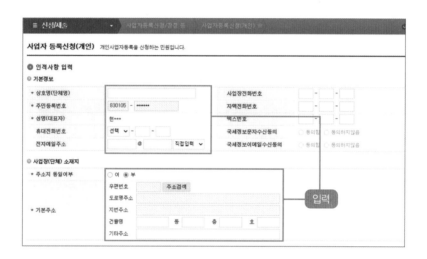

⑥ 이번에는 업종코드 목록을 조회해 업종코드를 선택해보자. 우선 [귀속연도]를 입력하고, [업종]에 '전자상거래'를 입력한 뒤 [조회하기] 버튼을 클릭한다. 업종코드 목록이 나오면 해당되는 업종을 선택한다. 업태명은 '도매 및 소매업', 세분류명은 '통신 판매업', 세세분류명은 '전자상거래 소매업'을 선택한 뒤 [닫기] 버튼을 클릭한다. 업종코드는 '525101'이다.

한국표준산업분류는 일반인에게 익숙하지 않다. 하지만 내가 원하는 업종만 검색해도 쉽게 찾을 수 있으니 걱정하지 말자. 혹 전자상거래 외에 수입, 수출, 물류, 교육 등 다른 업종이나 업태를 원한다면 되도록 처음 등록할 때 한 번에 입력하는 것이 좋다. 그렇지 않으면 추후 '변경/정정 발급'을 해야 하는 귀찮은 일이 발생한다. 한 가지 팁을 주자면 업종과 업태 선택 시 업종코드가 최소 4자리 이상 되는 세부항목을 선택해야 사업자등록을 할 때 반려될 가능성이 낮다.

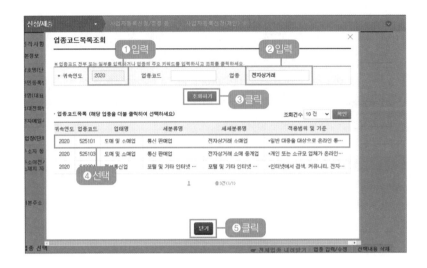

⑦ 업종을 다시 한번 확인한 뒤 [선택] 버튼에 체크한다. 이때 [제출서류] 항목의 [확인하기] 버튼도 클릭한다. 필요한 제출서류가 존재할 수 있으므로 반드시 클릭해 확인해야 한다.

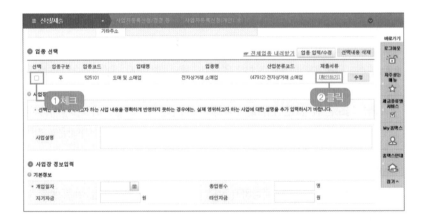

⑧ 업종 선택을 마치면 사업장 정보를 입력한다. 이때도 빨간색 표시(*)된 부분은 필수 입력란이므로 반드시 채워넣는다. 우선 [개업일자]를 입력하고, [공동사업자선정]에서 해당 사항에 체크한 뒤 [사업자 유형]을 선택한다. 개인사업자일 경우 대부분 간이과세와 일반과세 중에서 선택한다.

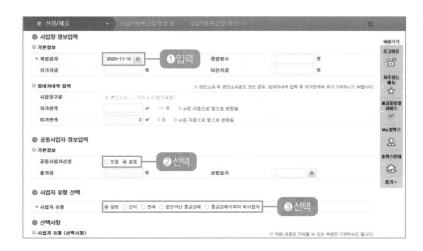

 간이과세 vs. 일반과세

간이과세는 1년에 한 번 정산하고, 연매출액이 4,800만 원 미만인 경우 세금 납부가 면제된다. 하지만 세금계산서를 발행할 수 없다. 간이과세는 부가가치세에는 혜택이 있으나 소득세는 일반과세와 동일하게 적용된다.

연매출액이 4,800만 원 이상이면 자동으로 일반과세로 전환된다. 그래서 사업 초기 단계에서는 간이과세를 선택했다가 매출액에 따라 일반과세로 전향하는 것이 일반적이다.

구분	간이과세	일반과세
장점	• 1년에 1회 세무신고 • 부과세 부담이 적다	• 1년에 2회 세무신고 • 부과세 부담이 크다
단점	세금계산서 발행 불가	세금계산서 발행 가능

⑨ 마지막 단계는 서류 제출이다. 첨부서류에서 [공통]임대차계약서 사본(사업장을 임차한 경우에 한함) 항목의 [파일찾기]를 클릭한 뒤 본인의 임대차계약서를 찾아 첨부한다. 다른 것은 크게 상관이 없으나 임대차계약서 사본은 반드시 첨부해야 한다. 그밖에 등록이나 허가가 필요한 업종이라면 해당 허가증이나 신고증을 제출해야 한다.

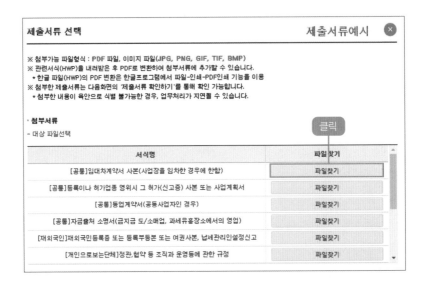

전자상거래 소매업 제출서류

- 사업자등록 신청서(온라인 작성)
- 설립자 신분증
- 임대차계약서
- 자금출처명세서
- 동업계약서(공동사업일 경우에만 해당)

⑩ 최종적으로 모든 사항을 확인하면 [확인하였습니다]에 체크한 뒤 [신청서 제출하기] 버튼을 클릭한다. 이것으로 개인사업자 설립 과정은 마무리된다.

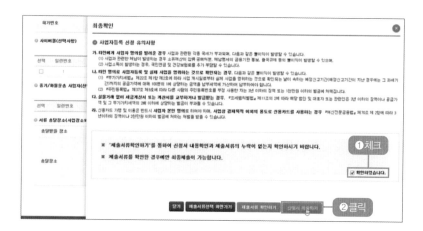

⑪ 2~3일 후 홈택스 사이트에서 민원 처리 결과를 조회해 사업자등록증 발급 여부를 확인한다. 만약 승인되지 않았다면 기재 내용이나 서류상에 문제가 발생했다는 뜻이다. 홈택스 사업자등록 담당자와 통화해 필요한 내역을 확인한 뒤 서류를 다시 첨부한다. 발급된 사업자등록증은 바로 프린터로 인쇄가 가능하다.

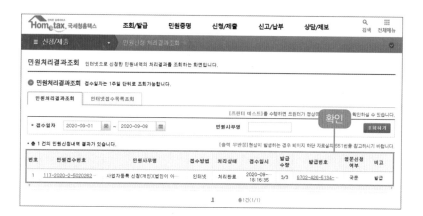

법인설립시스템을 이용해 셀프로 법인 설립하기

법인 설립도 인터넷으로 가능하다. '온라인 법인설립시스템'(www.startbiz. go.kr) 사이트에서 [새로운 법인설립 시작하기]를 누르면 원하는 형태의 법인을 설립할 수 있다.

하지만 법인 설립의 경험이 없는 사람이라면 이 방법을 추천하지 않는다. 임원등재, 정관, 등기 등 법인에 대한 이해가 어느 정도 있어야 진행할 수 있기 때문이다. 혼자서 법인을 설립해본 경험자로서 몇십만 원의 비용을 아끼고자 이런 수고를 할 필요는 없다고 생각한다.

설립 절차를 알고 있더라도 중간 중간 프린터, 컴퓨터, 스캐너 등에 오류가 발생하면 원치 않게 지연되는 경우가 생긴다. 나 또한 최종 설립까지 총 3주의 시간이 소요됐다.

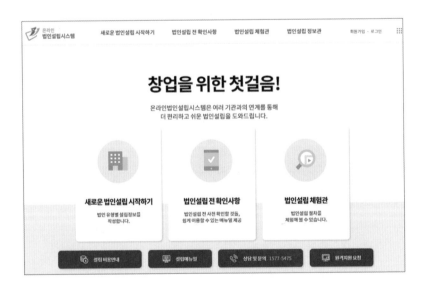

대행업체를 통한 법인 설립하기

이제까지 세 번 정도 법인을 설립했는데 두 번은 '법인등기 헬프미'(www.
helpme.kr)를 이용했다. 법인을 처음 설립하는 사람도 이해하기 쉽게 직

관적인 형태로 되어 있어 빠르게 법인을 설립할 수 있다.

특히 절차 과정을 한눈에 볼 수 있게 정리해 무엇을 먼저 준비해야 하는지 알 수 있다. 일대일 헬퍼가 나의 법인 설립을 전담 마크하고, 모르는 부분에 대해 질문하면 즉각적으로 답변해준다. 사이트에서 제공하는 다양한 혜택도 서비스로 받을 수 있다.

오른쪽 페이지의 설립등기 견적서는 실제 주식회사 컨어스를 설립할 당시 들어간 비용이다. 이미지에서 왼쪽의 공과금은 혼자 설립하더라도 내야 하는 세금과 수수료이고, 오른쪽의 수수료가 법인 설립 대행비다. 34만 원 정도의 값어치가 있다. 물론 이는 주주, 발행주식, 자본금, 본점 위치 등에 따라 금액이 다르게 적용될 수 있다.

사업자등록 시 흔히 간과하는 부분이 있다. 바로 상표 등록이다. 대개

설립등기 견적서

공과금		수수료	
등록세	337,500	주식회사 설립등기	279,000
교육세	67,500	인감도장 제작비	31,000
법원 수수료	20,000	제증명 교통비 일당	0
공증료	0	인감도장 제작비	무료 (기본형 1개)
		부가가치세	31,000
소계	**425,000**	**소계**	**341,000**
총 입금 비용 (공과금+수수료)			**766,000원**

상표 등록은 특별한 경우에만 해야 한다고 생각하지만 회사명이나 내가 판매할 상품의 상품명 등 상표권을 미리 등록해놓는 것이 좋다. 몇십만 원 정도의 비용이 들지만 나의 브랜드가 유명해질 경우 누군가 악의를 품고 내 브랜드명으로 상표 등록을 하면 상표권에 대한 막대한 자금을 지불해야 할 수도 있다. 특히 상품을 해외로 수출할 생각이라면 해당 나라에도 상표권을 미리 등록해놓아야 한다.

'그렇게까지 해야 하나?'라고 생각할 수 있지만 지인 중 한 명이 최근 상표권을 등록해놓지 않아 안타까운 일을 당했다. 국내에만 상표권이 등록되어 있던 자신의 브랜드를 중국에 수출하던 중 누군가가 그 브랜드에 대한 상표권을 등록해 8,000만 원의 상표권 사용료를 지불해야 하는 일이 발생했다. 결국 그는 마케팅이 성공적이었던 해당 브랜드를 포기하고 새로운 브랜드로 다시 마케팅을 시작했다. 이는 나의 일이 될 수도 있다.

상표권 등록을 절대 가볍게 생각하지 말자.

법률 상담 또한 간과해선 안 된다. 법률을 담당하는 변호사와 법무사는 각자 전문 분야가 있다. 내가 판매할 상품이나 사업에 최적화된 사람을 찾는 일은 매우 중요하다. 그런데 많은 이들이 법률 상담은 어떤 문제가 발생했을 때만 필요하다고 생각한다. 이는 잘못된 생각이다. 사람을 한 명 고용하거나, 계약을 진행할 때 법률 상담을 통해 사전에 모든 서류를 검토하고 공증받아야 한다. 심각한 문제가 발생한 후엔 늦는다. 그러므로 자신이 하고자 하는 사업의 성격에 맞는 법률 전문가를 미리 찾아보자.

법인등기 헬프미 사이트에는 상표권이나 법률 상담 등 사업에 필요한 분야의 변호사들이 연계되어 있다. 일일이 혼자 찾기보다 이 사이트를 이용하는 것도 좋은 선택이다.

통신판매업신고증과
건강기능식품영업신고증 발행

사실 통신판매업신고증은 각 이커머스 플랫폼에서 판매자 등록을 하며 발급받는 게 순서지만, 책에서는 라이브커머스 준비 단계에 필요한 서류를 소개하는 만큼 사업자등록과 함께 설명하도록 하겠다.

통신판매업신고증과 건강기능식품영업신고증 발행은 네이버 스마트스토어를 기준으로 한다.

통신판매업신고증 발행하기

온라인에서 판매 행위를 하려면 반드시 통신판매업신고증을 발급받아야 한다. 사업자
등록 시 전자상거래업을 추가한 후 구매안전서비스 이용 확인증을 발급받아야 하는
데, 이는 네이버 스마트스토어 판매자 정보란에서 발급 가능하다.
따라서 여기서는 네이버 스마트스토어센터에 접속해 판매자 정보를 입력(102쪽 참고)
한 뒤 사업자등록까지 마친 상태라 가정하고 설명하겠다.

① 네이버 스마트스토어센터에 접속해 로그인한 뒤 좌측 메뉴에서 [판매자 정보]를 클
릭해 들어간다. 우측 상단에 있는 [구매안전서비스 이용 확인증] 버튼을 클릭한다.

② 기존에 입력한 회사 정보가 자동으로 기재된 '구매안전서비스 이용 확인증'이 만들어지면 프린트한다.

③ 네이버에서 '정부24'(www.gov.kr)를 검색해 접속한다. 검색창에 '통신판매업신고'를 입력한 뒤 검색을 클릭한다.

④ 신청서비스 메뉴에서 6건의 하위 메뉴 중 가장 위에 있는 [통신판매업신고−시·군·구]의 [신청] 버튼을 클릭한다.

⑤ 업체 정보를 정확하게 입력한다. 특히 소재지는 사업자등록증의 주소지와 동일하게 적어야 한다. 참고로 여러 가지 신고나 허가를 받을 경우 회사 소재지를 입력할 때가 많은데, 반드시 사업자등록증이나 등기부등본상에 나와 있는 주소로 기재해야 한다. 다르게 적으면 오류로 보고 신청이나 허가가 반려되는 경우가 종종 있다.

⑥ 이번에는 판매 정보를 입력해보자. 판매방식은 [인터넷]에 체크하고, 취급품목은 판매할 상품 카테고리를 찾아 선택하면 된다.

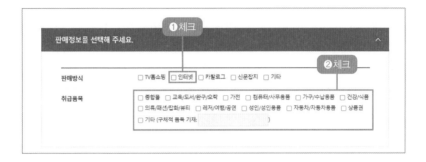

TIP

취급품목의 카테고리는 다양하게 하는 게 좋을까?

나의 경우 거의 모든 카테고리의 상품을 판매하기 때문에 종합몰에 체크했다. 취급품목이 광범위하다는 것은 장점이 될 수도 있고 단점이 될 수도 있다. 콘셉트 없이 이것저것 모든 상품을 다루면 전문성이 떨어져 보이고, 뭔가 정리되지 않은 느낌이 난다. 마치 해장국, 삼겹살, 곱창, 김밥, 초밥, 돈가스를 모두 파는 식당과 같은 느낌이랄까.

하지만 어떤 기준으로 제품을 선정하고 판매하는지 소비자가 납득할 만한 스토리를 만들어내면 종합몰 운영이 상품 판매 리스크에 대비할 수 있는 좋은 대안이 될 수 있다. 그러나 대부분의 스마트스토어는 본인이 직접 제작하는 상품이나 판매하던 상품을 이전한 형태가 많아 종합몰보다 특정 카테고리를 취급하는 경우가 대다수다. 팁을 하나 주자면 처음 시작할 때는 종합몰로 운영하다 본인에게 맞는 제품군을 찾는 방법이 스마트스토어를 성공으로 이끄는 데 도움이 된다.

⑦ 마지막 단계는 서류 제출이다. 제출 방법에서 [파일첨부]를 체크하고, 스마트스토어에서 발급받은 구매안전서비스 이용 확인증을 첨부한 뒤 제출한다.

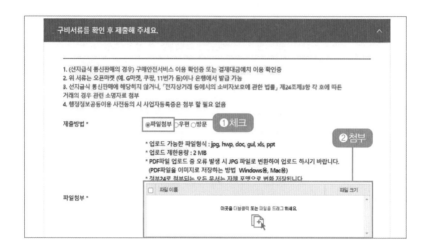

⑧ 발급을 신청하면 2~3일 정도 검토 기간이 걸린다. 기재된 사실과 다름이 없는지 체크하는 것이므로 크게 걱정하지 않아도 된다. 2~3일 후 정부24 사이트에 접속해 오른쪽 상단에 [서비스 신청내역]에 들어가 신청 날짜에 맞추어 검색 기간을 입력한 후 검색하면 신고증 발급 여부를 확인한다.

⑨ 통신판매업신고증이 발급되면 스마트스토어에 첨부해 승인 절차를 거친다. 통신 판매업신고증까지 발급받으면 이제 스마트스토어에서 정식으로 제품을 판매할 수 있는 모든 기본 서류가 구비된 상태다.

나도
킹셀러!

건강기능식품영업신고증 발행하기

우리나라는 건강기능식품 판매에 있어 특히 다른 상품보다 엄격한 규율을 갖고 있기 때문에 기본적인 교육을 받아야 한다. 그렇다고 교육을 받기 위해 직접 갈 필요는 없다. 건강기능식품교육센터 사이트에 접속해 인터넷으로 교육을 이수해도 충분하다. 이수증을 발급받아 제출한 후 승인 절차를 거치면 건강기능식품군 판매 자격을 얻을 수 있다.

① 네이버에서 '건강기능식품교육센터'(edu.khsa.or.kr)를 검색해 접속한 뒤 [로그인]을 클릭한다. 인증을 마치면 '건강기능식품 영업신고를 위한 교육'의 [교육 신청하기] 버튼을 클릭한다.

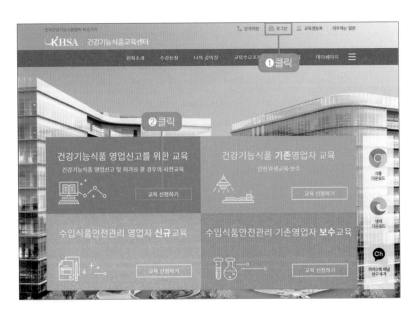

② 온라인교육 중 1번 [일반판매업(신규)]의 [신청하기]를 클릭한다.

수업 시간은 2시간인데 보통 회사에서 의무적으로 시행하는 교육을 받듯 집중하지 않는다면 나중에 큰 부메랑이 되어 돌아올 수 있다. 반드시 집중해 수업을 듣길 권한다. 모르는 부분과 중요한 부분은 따로 메모한 뒤 추후에 학습해야 한다. 이토록 강조하는 이유는 분명히 있다. 꼭 기억하길 바란다.

③ 교육을 이수하면 건강기능식품영업신고증이 발급된다. 두 장 모두 깨끗이 스캔한 뒤 스마트스토어 담당자에게 제출해야 한다. 첫 장만 제출하면 승인이 되지 않는다. 직인이 찍힌 두 번째 장까지 반드시 제출을 해야 하니 잊지 말고 첨부하길 바란다.

CHAPTER 4

네이버 쇼핑라이브
도전하기

라이브커머스 대표 쇼핑 채널,
네이버 쇼핑라이브

지금 이 순간에도 여러 형태의 라이브커머스 플랫폼이 만들어지고 있다. 물론 성격은 다르지만 마치 비트코인 열풍이 불었을 당시 각종 거래소 사이트나 수많은 앱이 출시될 때와 비슷한 추세다. 이는 라이브커머스 시장에 대한 기대가 높기 때문일 것이다.

이 책에서는 세 개의 핵심 플랫폼만 설명할 생각이다. 유입자 수와 매출액에 기반한 것이라 생각해도 좋다. 사실 우리에게 가장 익숙한 것들이기도 하다. 그 세 가지는 바로 네이버, 카카오 그리고 쿠팡이다.

현재 가장 활발한 라이브커머스 채널은 네이버다. 네이버를 제일 먼저 꼽은 이유는 방송 운영 방법과 수수료에 있다. 일단 운영 방법이 어떠한 채널보다 자유롭다. 언제 어디서든 마음만 먹으면 방송할 수 있을 정도로 제한이나 제약이 없다.

소비자 입자에서도 유입 장벽이 현저히 낮다. 앱 설치나 회원가입 같은 추가적인 과정 없이 네이버 웹사이트에서 바로 접속해서 볼 수 있고 익숙한 스마트스토어와 연계한 판매 방식, 네이버페이 결제 방식으로 쉽게 쇼핑을 즐길 수 있다.

사실 라이브커머스의 가장 큰 문제는 바로 이용자 유입이다. 특정 방송 혹은 진행자를 보기 위해서는 앱을 설치해야 하고 여러 가입 절차를 거쳐 해당 방송 계정을 찾아야 한다. 결제를 하려면 본인 인증과 카드 등록 등 여러 절차를 거쳐야 한다. 익숙한 것이 가장 무섭다고 나도 몇 번 다른 사이트에서 시도하다 네이버페이로 결제한 경험이 있다. 네이버가 무서운 이유는 사용자의 익숙함과 편리함이다. 이것이 네이버가 라이브커머스 시장에서 급성장한 요인 중 하나다.

또한 네이버는 라이브커머스 방송을 진행할 때 자체적 관리 시스템은 최소화하고 일명 기획전이라 일컫는 큰 규모의 방송에만 인력을 지원한다. 즉 스토어 계정 소유자가 네이버의 직접적인 개입 없이 자체적으로 진행하는 방송이 많다. 네이버가 가장 라이브커머스 플랫폼다운 플랫폼을 운영한다는 생각이 드는 대목이다.

코스피 3000 시대, 주식 공부로 부자 되는 연습을 하라!

투자 용어부터 주식시장 제도 변화까지 한 권으로 끝내는 주식투자 백과사전!

연수익률 100% 샌드타이거샤크가 알려주는 10단계 종목분석법!

《주식 공부 5일 완성》이 한층 더 가성비 높게 업그레이드한 2021년 최신개정판으로 돌아왔다. 스토리텔링으로 배우는 투자 용어, 종목 고르는 비법과 매매 원칙, 경제신문에서 호재 & 악재 선별법, 투자 시 주의해야 할 이슈까지 5일 주식 공부로 주식 고수의 반열에 올라 있는 자신을 발견할 것이다.

《주식 공주 5일 완성》(2021년 최신개정판)
박민수(샌드타이거샤크) 지음 | 값 18,000원

8천만 원 종잣돈으로 124배의 수익을 올린 주식투자의 비밀!

"투자 원칙을 지켰을 뿐인데 자산이 100억으로 늘었다!"

수만 명의 개미투자자들이 찾는 가치투자의 고수 '선물주는산타'의 주식투자 절대 원칙!

500% 이상의 주가 상승을 예측해 네이버 종목토론방의 성지가 된 '선물주는산타'가 알려주는 투자 원칙. 가치투자의 기본 논리에 충실히 따르면서도 저자만의 철학을 녹여낸 투자 원칙들은 직장인을 비롯한 개인투자자들이 따라 하기 쉽고 불안한 증시에서도 절대 수익을 얻는 주식투자의 나침반이 되어준다.

선물주는산타의 주식투자 시크릿
선물주는산타 지음 | 값 16,000원

매력적인 장점이 가득한 플랫폼

네이버 쇼핑라이브는 진행자나 판매자가 챙길 수 있는 혜택이 다양하다. 이 혜택을 잘 활용하면 꽤 성과 있는 라이브커머스 방송을 진행할 수 있다.

상대적으로 낮은 수수료

판매자 입장에서 가장 좋은 점은 바로 판매 수수료다. 다른 기타 플랫폼의 기본 수수료는 적어도 10~30%를 상회하는 수준이다. 그런데 네이버만 결제 수수료를 대폭 낮춰 10% 미만의 수수료를 제시한다. 같은 금액을 판매해도 판매자가 더 많은 수익을 창출할 수 있는 구조라는 의미다. 이는 판매자에게 매우 매력적인 포인트가 아닐 수 없다. 흔히 '매출은 수수료 싸움이다'라는 말이 있을 정도로, 수수료 1%에 매우 예민하게 반응할 수밖에 없다. 2배, 3배 차이 나는 수수료를 내야 하는 기타 플랫폼과 비교하면 매우 합리적인 수수료 정책이다.

결제 수단에 따라 수수료율이 다르다는 점도 네이버 쇼핑라이브의 특징이다. 핸드폰 결제는 3.85%, 계좌이체 1.65%, 신용카드 3.74%, 가상계좌(무통장입금) 1%, 보조결제(네이버페이 포인트) 3.74%다. 결제 방식의 선택권은 판매자가 아닌 소비자에게 있기 때문에 계산할 때는 마음 편히 가장 높은 수수료인 3.85%를 적용하자. 여기에 네이버 쇼핑라이브 연동 수수료가 3% 추가된다(스마트스토어의 경우 연동 수수료가 2% 정도다). 따라서 기본 수수료는 6.85%(3.85%+3%)가 된다.

어마어마한 네이버 이용자 수

이용자 수도 빼놓을 수 없는 장점이다. 과연 우리나라에서 인터넷과 핸드폰을 사용하는 인구 중 네이버에 가입하지 않은 사람이 얼마나 될까? 네이버 가입자는 약 4,200만 명에 달한다. 이들은 곧 쇼핑라이브 채널의 소비자이며 잠재 고객이다. 이들 모두가 쇼핑라이브를 통해 제품을 구매한다면 어떻게 될까? 시장은 가히 폭발적으로 성장할 것이다. 아직 열에 한두 명 정도만 알고 있는 시장임을 감안하면 앞으로 성장 가능성이 매우 높은 플랫폼이다.

파워 등급만 충족한다면 방송 가능

네이버에서 라이브커머스를 하려 할 때 한 가지 진입장벽이 있다. 이는 관점에 따라 문턱이 높다고 할 수도, 낮다고 판단할 수도 있다. 한 번 그 조건을 달성하면 더는 장벽이 없는 것과 마찬가지기 때문이다. 그 진입장벽은 바로 스마트스토어 판매자 등급이다. 스마트스토어에는 6가지의 등급이 존재한다. 판매 건수와 판매 금액에 따라 등급이 나뉘는데, 등급이 중요한 이유는 라이브커머스를 운영하려면 바로 이 등급을 충족해야 하기 때문이다.

스마트스토어 등급이 '파워 등급'(판매 건수 300건 이상, 판매 금액 800만 원 이상) 이상이 되어야 라이브커머스를 운영할 수 있다. 높은 기준은 아니지만 처음 판매를 시작하는 사람에겐 다소 버겁게 느껴질 수 있다. 하지만 넘지 못할 정도의 수준은 아니다. 다른 플랫폼처럼 선택을 받아야 방송을 할 수 있는 형태가 아니기 때문에 분명 장점이 맞다.

등급명	필수 조건		
	판매 건수	판매 금액	쇼핑라이브
플래티넘	100,000건 이상	100억 원 이상	가능
프리미엄	2,000건 이상	6억 원 이상	가능
빅파워	500건 이상	4,000만 원 이상	가능
파워	300건 이상	800만 원 이상	가능
새싹	100건 이상	200만 원 이상	-
씨앗	100건 미만	200만 원 미만	-

(출처: 네이버)

한 번 등급을 충족하면 몇 번이고 방송을 할 수 있다. 네이버에서 직접 선택해 진행하는 기획전을 제외하면 어떤 판매자라도 스마트스토어 파워 등급 이상일 경우 라이브커머스를 운영할 수 있다. 장소도 상관없다. 자신의 숍에서, 길거리에서, 바다에서, 산에서 모두 방송이 가능하다. 물건만 있다면 어디서든 방송으로 판매할 수 있다.

비교적 긴 판매 시간과 무한한 상품 종류

방송 시간은 짧게는 30분, 길게는 2시간까지 가능하다. 이 시간을 잘 활용해야 한다.

A 기업의 제품이 한 가지만 있으라는 법은 없다. 삼성을 떠올려보면 핸드폰, 컴퓨터, 모니터, 프린터, TV, 세탁기, 냉장고 등 다양한 상품군이 있고 그 상품마다 또 여러 세부 모델이 존재한다. 핸드폰을 예로 들면 갤럭시8, 갤럭시10, 갤럭시20 등 스펙과 출시 연도에 따라 가격과 성능이 다르다.

소비자가 요구하는 것 또한 제각각이다. 같은 상품군에서도 고가의 프리미엄 제품, 저가의 실속형 제품 등 다양한 수요가 있다. 그런 소비자의 취향에 따라 시청 확률이 높은 시간대와 요일을 설정한 뒤 예상한 시간에 방송해야 한다. 경우의 수가 너무 많기 때문에 방송 준비에 들이는 시간과 노력이 만만치 않다. 이것이 기존 홈쇼핑 방법이다. 1시간 동안 한 가지 제품만 판매하며 높은 매출을 내기 위해 가장 적절한 시간대를 찾는 노력이 필요했다.

그런데 네이버 쇼핑라이브는 앞서 말한 것처럼 최대 2시간 방송이 가능하다. 그리고 그 시간 동안 최대 20가지 상품을 팔 수 있다. 즉 삼성 스마트폰을 방송할 경우 시간대마다 한 가지 상품만 판매하면서 시간과 비용을 낭비할 필요가 없다. 갤럭시S 시리즈, '효도폰', '알뜰폰'이라 불리는 A 시리즈, 고가의 Z 시리즈 등 모든 대상과 연령을 아우르는 핸드폰을 한 번에 등록하고, 그 상품들에 관심 있어 할 소비자가 많이 볼 만한 시간대를 찾는 식으로 방송을 유동적으로 운영할 수 있다.

그렇다면 굳이 한 가지 카테고리만 방송해야 할까? 아니다. 단순히 핸드폰을 모델별로 진열해 판매하는 것도 좋지만, 연동되는 상품을 같이 판매하면 더 큰 효과를 볼 수 있지 않을까? 예를 들어 쌀을 방송한다고 가정해보자. 밥솥과 반찬, 국거리, 디저트 등을 세트로 구성해 한 방송에서 판매하면 어떨까? 쌀을 사기 위해 들어온 소비자는 맛깔나게 차려진 한 상을 보고 맛있는 반찬과 국거리를 같이 구입할 확률이 높다. 방송 한 시간 동안 한 명의 소비자가 여러 상품을 결제할 수 있는 것이다. 이는 매출을 높이는 매우 효과적인 방법이 될 수 있다.

자유로운 시간 운영

네이버의 또 다른 장점은 시간의 운용이다. 기타 플랫폼은 보통 시간을 배정하고 그 시간에만 방송해야 하는 경우가 있다. 하지만 쇼핑라이브는 주로 오전 10시~오후 11시까지 누구라도 언제든 방송할 수 있다. 앞뒤로 방송 스케줄이 빼곡히 잡혀 있는 게 아니라서 다급할 이유가 없다. 유입 인원에 따라 추가적으로 방송을 몇 분 더 이어갈 수도 있다.

챌린지와 기획전

네이버의 방송 진행 방식은 크게 두 가지로 나뉜다. 챌린지와 기획전 채널이다. 먼저 챌린지 채널은 파워 등급 이상이면 누구나 진행할 수 있다. 기획전 채널은 쇼핑라이브 내의 상단 노출이라 생각하면 된다.

챌린지 채널에서 잘 팔린 상품이나 잘 팔릴 가능성이 높은 제품을 선발해 기획전을 연다. 매주 판매자가 지원하면 네이버 내부에서 검토한 후 진행하는 구조다.

기획전이 좋은 이유는 대형 대행사가 함께 참여해 적극적인 마케팅을 펼치고, 방송 시 유입 인원을 최대한으로 끌어올리는 데 지원을 많이 받을 수 있기 때문이다. 판매량이 급격히 늘어나고 홍보에도 큰 도움이 된다는 점에서 아주 특별한 기회다. 기획전 방송의 경우 1시간 동안 유입되는 인원은 수만 명에 달한다.

검색 포털사이트

무엇보다 네이버의 가장 큰 힘은 검색 서비스의 시장 점유율이 압도적으로 높다는 점이다(2020년 기준 59%). 대한민국 국민은 아직도 무언가를 검색할 때 구글보다 네이버를 먼저 찾는다. 특히 상품을 구입할 때도 다른 상품과 비교·분석한 글이나 뉴스 기사, 가격 등 정보를 한눈에 볼 수 있어 네이버 검색 결과에 의존하는 경우가 많다. 리뷰에 대한 접근성이나 정보도 많다. 바로 구입할 수 있는 결제 시스템도 마련되어 있고, 따로 가입해야 하는 복잡한 절차도 없다. 라이브커머스로 네이버 이용자를 자연스럽게 끌어올 수 있는 기반이 갖춰져 있는 것이다.

개선 가능성이 충분한 단점

송출과 서버의 불안정

네이버 서버에 문제가 생기는 경우가 심심치 않게 발생한다. 나도 어떤 상품을 대행해 진행하다 갑자기 모든 송출 시스템이 먹통이 된 경험이 있다. 화면을 볼 수도, 상품을 살 수도 없는 상황이 연출되었다. 방송 시작 30분 만에 모든 서버가 중지됐다. 방송을 의뢰한 판매자는 망연자실할 수밖에 없었다. 30분 동안 방송으로 올린 매출이 허공으로 날아갔기 때문이다. 홈쇼핑의 경우 송출에 문제가 생기면 여러 가지 패널티 혹은 환불, 재방송 등으로 보상한다. 판매자가 손해를 본 만큼 비용을 책정해 상호 협의에 따라 해결점을 찾는다.

하지만 쇼핑라이브는 네이버 담당자나 책임자 등이 개입하지 않는 독립적인 운영 시스템이다. 따라서 책임 소재를 물을 대상이 없다. 기술적인 문제는 대행사의 책임도 물품 공급자의 책임도 아니기 때문이다. 엄밀히 따지면 서버 문제인데 그에 대한 책임자가 없는 게 문제다.

그렇게 반 토막짜리 방송이 진행된 상황에서 내가 할 수 있는 건 환불뿐이다. 나에게 들어간 제반 비용을 제외하고 나머지 부분에 대한 금액을 모두 환불했다. 사실 계약 조건상 반드시 환불해야 하는 상황은 아니었지만 모두가 힘든 상황을 함께 헤쳐나가자는 뜻에서 흔쾌히 환불했다. 2회 미팅과 준비에 들인 시간과 노력이 물거품이 됐지만 이 또한 좋은 경험이 되었다.

그 이후부터는 계약 진행 시 발생 가능한 시스템적 오류에 대해 항상 고지한다. 문제 발생 시 비용적인 부분과 추후 방송 재개에 대한 논의를 미리 하고 본 방송에 돌입한다. 아직까지 다듬어지지 않은 시장이기에 발생할 수 있는 문제다. 하지만 플랫폼 자체의 오류가 여러 차례 발생하면 신뢰를 잃을 수 있다. 플랫폼 오류는 판매자에게 치명적일 수 있기 때문에 특별히 유념하고 개선되길 바라는 마음이다.

유입 인원의 격차

사실 이것은 네이버의 단점이라고 이야기할 순 없지만 꼭 유의해야 하는 사항이기 때문에 한번 짚고 넘어가고자 한다. 처음 방송할 때는 왜 이렇게 유입 인원에 차이가 날까 고민이 많았다.

2020년이 마무리 된 시점까지도 동시간대 방송을 보면 유입 인원의 격차가 매우 심하다. 동시 시청자 수가 몇십 명에서 몇만 명까지 차이가 난다. 왜 그럴까? 그 첫 번째 이유는 브랜드와 상품에 있다. 우리가 잘 아는 브랜드와 좋아하는 상품에는 관심이 갈 수밖에 없기 때문에 당연히 유입 인원이 많다. 그리고 진행자의 차이도 있다. 인기가 많은 유명 연예인이나 재미 요소를 지니고 있는 희극인이 진행하는 방송은 시청자의 관심이 높다. 사실 이 두 가지는 우리가 뛰어넘기 힘들다. 내가 판매하는 상품이 삼성이나 LG 같은 대기업 브랜드의 상품이 아니고 내가 유명 연예인이 아니라면 말이다.

내가 주목하는 부분은 세 번째다. 바로 '스토어 찜하기'와 '소식받기' 기능이다. 이것은 네이버의 전략이기도 하다. 내가 운영하는 스마트스토어에 좋은 상품이 지속적으로 올라오면 고객은 즐겨찾기로 지정하고 소식을 받으며 계속 관심을 갖는다. 자신이 원하는 상품이 언제 좋은 조건으로 올라올지 모르기 때문이다. 이것이 스토어 찜하기와 소식받기의 역할이다.

앞에서 계속 언급했듯 네이버 쇼핑라이브는 스마트스토어 기반의 라이브커머스 방송이다. 상식적으로 라이브커머스가 성공하기 위해서는 스마트스토어의 인기 여부가 중요하다. 이를 판단하는 기준이 바로 스토어 찜하기다.

쇼핑라이브 방송을 하기 전에 홍보를 한다고 가정해보자. 언제, 어떤 상품을 방송하겠다고 말이다. 이때 GFA(네이버 노출광고)나 모먼트(다음 노출광고) 등의 유료 서비스를 이용하려면 비용이 만만치 않다. 하지만 스토어의 찜하기 기능은 무료로 활용할 수 있다. 스토어 찜하기를 누른 고객이 많다면 방송 전에 고객에게 광고 메시지를 하나씩 보낸다.

"○○월 ○○일 ○○시에 그동안 없던 파격적인 조건으로 쇼핑라이브를 진행할 예정입니다. 주저하지 마시고 오셔서 특가의 기회를 놓치지 마세요. 언제 또 올지 모르는 방송입니다!"

이렇게 메시지를 보내면 알림을 설정해놓은 스토어의 유효 고객층은 자연스럽게 유입된다. 그러면 유입 인원도 늘고 매출도 늘릴 수 있다. 공짜 홍보가 되는 셈이다. 그래서 네이버 쇼핑라이브를 보다 효과적으로 진행하고 유입 인원을 늘리기 위해서는 평소 자신의 스마트스토어 관리가 필요하다. 절대 스토어로 유입된 고객을 놓치는 일은 없어야 한다.

동시 방송 채널

2020년 초만 해도 쇼핑라이브 사이트에 접속했을 때 동시간대에 라이브를 운영하는 채널이 많지 않았다. 한두 개의 채널을 오가며 어떤 이야기를 하는지, 어떤 상품을 판매하는지 느긋하게 볼 수 있었다. 2020년 중반 이후부터 라이브커머스 시장이 급격히 주목받기 시작하면서 접속자 수는 물론 라이브 방송 채널이 급격히 늘었다.

2020년 초 동시간대 방송은 많아야 2~5개 정도였다. 그런데 2020년 말이 되자 30개가 넘는 채널이 동시에 운영되고 있다. 눈과 손은 바빠지고 어디로 들어가서 무슨 상품을 봐야 할지 집중도가 떨어지기 시작했다. 딱 그 시점이 너도나도 라이브커머스 시장에 뛰어든 터닝포인트라 할 수 있다. 동시 접속 채널을 몇 개까지 운영할지, 이에 대한 추가적인 제재나 기준을 마련할지는 아직 미지수다. 향후 라이브커머스 채널의 폭발적인 증가와 관련된 가이드와 개발이 필요하다.

생각해보자. 우리나라의 모든 스마트스토어 운영자가 동시에 모든 채널을 오픈해 쇼핑라이브를 진행한다면 어떻게 될까? 진행자는 물론 시청하는 소비자까지 혼란에 빠질 것이다.

　네이버의 가장 큰 장점은 부대비용이 많이 들지 않는다는 데 있다. 합리적인 수수료를 제시하기 때문에 운영자 입장에선 매력적일 수밖에 없다. 한 방송에 수백만 원의 입점비를 내야 하는 플랫폼이 있는 데 반해 네이버는 입점비에 대한 개념 자체가 없다. 비용 부담이 적은 것은 물론 기획전 라이브를 제외하면 시간과 요일에 구애받지 않고 방송할 수 있다.

　네이버가 갖고 있는 단점은 사실 트래픽과 관련된 기술적인 문제라 충분히 해결 가능하다고 생각한다. 시스템 도입 시기에 충분히 겪을 수 있는 문제로, 시간이 지날수록 문제 발생의 빈도 수도 현저히 감소하고 있다는 점이 긍정적이다.

엄청난 시장 파급력을 품은 네이버 쇼핑라이브

네이버의 가장 강력한 무기는 바로 데이터 수집 능력이다. 현재 쇼핑라이브와 스마트스토어에서 운영하는 모든 상품의 매출과 구매자 정보는 오직 네이버만 알고 있다. 이른바 빅데이터 정보가 계속 축적되고 있는 것이다. 국민의 소비 패턴에 대한 가장 광범위하고 정확한 정보를 가지고 있는 것도 네이버가 아닐까? 이는 카테고리별, 브랜드별, 가격대별 판매에 최적화된 시기와 나이, 시간 등을 파악할 수 있다는 의미다. 그럼 정밀한 타깃 마케팅이 가능하다. 이는 곧 매출 극대화로 이어진다.

예를 들어보겠다. N 브랜드의 비데를 쇼핑라이브로 4회 진행했다. 그때 비데의 판매 수량은 5~10개 사이였다. 그런데 2021년 1월 5회째 방송에서는 약 800대를 판매하는 신기록을 냈다. 1대당 가격이 20만 원 정도인 상품이니 한 시간 동안 약 1억 6,000만 원을 판매한 셈이다.

왜 급격한 차이가 났을까? 3~4회 진행한 방송을 통해 네이버에서 제공한 데이터를 기반으로 분석했기 때문이다. 요일과 시간에 따라 유입 인원과 시청자 나이를 체크하고 이를 기반으로 정밀 타깃 마케팅을 실시했다. 이렇게 방송에 실제 구매할 소비자를 집중적으로 유입하니 좋은 결과가 나왔다. 그만큼 네이버에서 제공하는 데이터가 꽤 신뢰할 만하다는 의미다.

한 회사의 비데 매출도 이렇게 늘어나는데, 만약 네이버가 작정하고 데이터 기반의 방송을 직접 편성하고 송출하고 마케팅한다면 어떻게 될까? 시장 파급력은 어마어마할 것이다. 이처럼 네이버의 가장 큰 장점은 데이터 수집 능력과 그것의 활용에 있다. 이건 어디까지나 나의 예측이지만, 현재 무분별하게 운영되고 있는 오픈 플랫폼 형식의 쇼핑라이브 채널도 어느 시점이 되면 조금씩 운영에 제한을 둘 것이다. 그렇게 되기 전에 미리 선점하고 실행하고 대비해야 한다. 그 시점이 바로 지금이다.

네이버 채널의 핵심은 스마트스토어

이전에는 네이버에 스마트스토어만 보유하고 있으면 어떤 계정이라도 라이브커머스를 진행할 자격을 줬다. 하지만 현재는 파워 등급 이상의 판매자만 방송 기회를 갖는다. 즉 3개월 매출 합산 기준 300건 이상, 800만 원 이상을 충족해야 쇼핑라이브 계정 운영이 가능하다. 앞으로 파워 등급 이상의 계정이 너무 많아질 경우 라이브커머스 사이트 운영에 어려움이 생겨 다시 한번 기준이 강화될 수 있다. 그전에 부지런히 파워 등급 이상의 계정을 만들어놓자.

스마트스토어부터
쇼핑라이브까지

본격적으로 장사를 시작하려면 가게를 계약하고 인테리어를 마치고 판매할 물건들을 진열해야 한다. 이제 온라인 가게를 만드는 방법에 대해 알려줄 예정이다. 정확한 콘셉트와 나아갈 방향을 머릿속에 그리며 진행하길 바란다.

과정 중 일부는 상품 분야마다 다를 수 있겠지만 처음부터 디테일하게 접근하자. 반드시 먼저 무엇을 누구에게 팔 것인지, 상품 페이지는 어떻게 디자인할 것이며, 상품 배열은 어떻게 할 것인지, 상품 판매·홍보 키워드 등을 생각하며 차근차근 만들어나가자. 그렇지 않으면 나중에 문제가 생겨도 어디서부터 잘못됐는지 어떻게 해결해야 할지 모를 수 있다.

스마트스토어
가입하기

네이버 라이브커머스로 가는 첫 단계는 가입이다. 네이버 아이디는 대부분 있겠지만 스마트스토어의 판매자가 되려면 추가로 스마트스토어센터에 회원가입을 해야 한다. 스마트스토어센터 회원가입을 할 때 네이버 아이디와 연동하면 네이버에 로그인한 상태에서 스마트스토어센터에 접속 시 별도의 로그인을 하지 않아도 되기 때문에 편리하게 이용할 수 있다.

① 네이버에서 '스마트스토어센터'(sell.smartstore.naver.com)를 검색해 접속한 뒤 [판매자 가입하기]를 클릭한다.

② 판매자 유형에서 [개인]을 선택한 후 [다음] 버튼을 클릭한다.

사업자(개인 또는 법인)나 해외 사업자도 가입이 가능하다. 중장기적으로 사업을 할 생각이라면 사업자등록을 미리 하는 것이 좋다.

③ [휴대전화 본인인증] 버튼을 눌러 본인 인증을 진행한 후 [다음] 버튼을 클릭한다.

여기에서 주의할 점은 하나의 전화번호로는 여러 개의 아이디로 가입하는 것이 불가하므로 처음 가입할 때 모든 사항을 신중히 선택해 계정을 생성해야 한다. 개인 정보와 사업자 정보를 정확히 기입하지 않거나 제출 서류와 다를 경우 아예 폐업을 하고 다시 계정을 생성해야 하는데, 한 번 폐업을 신청한 계정은 한 달 동안 동일한 계정으로 스마트스토어를 개설할 수 없다.

이는 무분별한 스마트스토어의 개설 및 폐업을 방지하기 위한 네이버 정책이다. 만약 개설과 폐업이 자유롭다면 그로 인해 사기 피해를 받는 소비자도 늘어날 것이다. 마치 대포 통장을 활용하는 것처럼 말이다. 사소한 실수로 폐업을 하고 다시 계정을 만들어야 하는 판매자의 경우 한 달 동안 속이 타들어가겠지만, 이것이 나의 스마트스토어를 사기에서 방어해주는 안전장치라는 사실을 인지해야 한다.

④ [네이버 아이디로 가입하기]를 클릭해 네이버와 아이디를 연동해 사용할 수 있게
설정한 후 [다음] 버튼을 클릭한다.

한 사람당 하나의 계정을 생성할 수 있다. 단 계정을 만든 후 네이버에서 정한 기
준 이상의 매출을 충족하면 한 개의 아이디에서 파생되는 스마트스토어 계정을 최
대 3개까지 만들 수 있다. 이는 아주 중요한 부분이다.

평소 이용하고 있는 스마트스토어를 생각해보자. 대부분 한 분야에 특화된 스토어
들이 인기가 많다. 그러니 초기 스토어 설립 시 종합몰 형태가 아닌 이상 본인이
가장 자신 있는 분야를 선택하는 것이 좋다. 스토어를 확장시켜 자연스럽게 매출
이 일어나는 구조를 만드는 게 먼저다. 이후 카테고리를 추가할 생각이라면 그때
따로 스토어를 개설하길 추천한다. 그래야 콘셉트가 일목요연하고 깔끔한 스토어
를 만들 수 있다.

여기서 질문! 그럼 스마트스토어는 최대 3개만 운영할 수 있는가? 아니다. 다른
법인을 설립하거나 직원의 계정으로 스토어를 만들어 계정을 회사로 귀속시키는
방법도 가능하다. 단 그 직원이 퇴사할 경우 양수·양도 계약을 맺어놓는 것이 중
요하다.

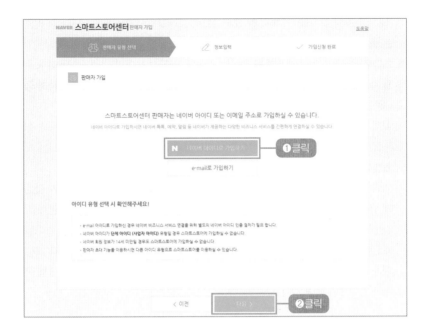

⑤ 전화번호와 이메일 주소를 입력하고 [휴대전화 번호 인증]이나 [이메일 주소 인증]을 선택한다. 이 책에서는 [휴대전화 번호 인증]으로 진행해보겠다. [휴대전화 번호 인증]에 체크하고 [휴대전화 번호 인증받기] 버튼을 클릭하면 전송되는 6자리 숫자의 인증번호를 입력한다. 인증이 완료되면 [다음] 버튼을 클릭한다.

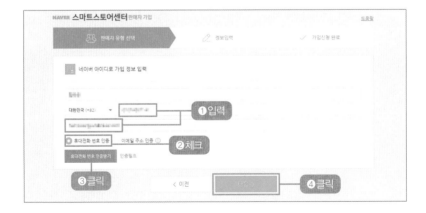

⑥ [네이버 쇼핑]과 [네이버 톡톡]을 오른쪽으로 드래그해서 활성화한 뒤 [다음] 버튼을 클릭한다.

스마트스토어의 목적은 매출을 늘리는 것이다. 따라서 네이버 검색에 상품이 노출될 수 있도록 승인을 요청하고, 네이버 톡톡을 활용해 고객과 실시간 소통하며 궁금증을 해결해주어야 한다.

실제 고객 문의를 받아보면 직접 전화를 거는 경우보다 네이버 톡톡을 활용해 질문하는 경우가 더 많다. 네이버 톡톡은 고객이 조금 더 편하게 질문할 수 있는 시스템이다.

위탁 판매 시 제품을 제대로 숙지하지 않아 응대가 잘 이뤄지지 않는 경우가 많은데, 아무리 좋은 상품을 갖다 놓더라도 판매자에 대한 신뢰가 생기지 않으면 소비자는 절대 제품을 구입하지 않는다. 이 사실을 잊지 말아야 한다. 내 경우 스마트스토어에서 처음 판매한 상품이 명품이었는데 기존 고객이나 상품평이 없다 보니 정품 인증 요구나 서류 요청이 즐비했다. 이에 대해 발 빠르게 응대해 2차, 3차 구매가 일어났던 적이 있다.

⑦ 약관 내용을 확인하고, 맨 위에 있는 [이용 약관에 모두 동의합니다]에 체크한 후 [다음] 버튼을 클릭한다.

명시된 주요 약관은 한 번쯤 읽어보길 권한다. 분명 사업을 영위하는 데 도움이 될 것이다. 네이버 톡톡과 관련된 내용 중에는 선택적 동의가 필요한 항목이 있으나 되도록 다 선택하는 것이 좋다.

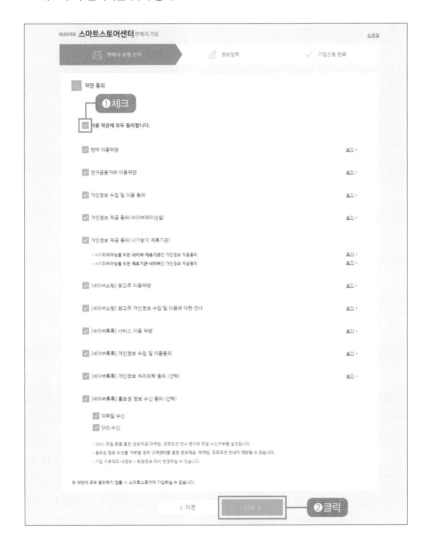

⑧ 판매자 정보에 나오는 기본 인적사항에 정보가 알맞게 들어갔는지 다시 확인하자. 마지막으로 [주소찾기]를 클릭해 사업장 주소를 입력한 후 [다음] 버튼을 클릭한다.

잘못된 정보 입력 시 사업 승인 요청이 거절될 수 있다. 정보가 틀렸다면 이 단계에서는 수정이 불가능하므로 다시 앞으로 되돌아가 고쳐야 한다. 특히 메일은 추후 문제 발생 시 바로 확인 가능하도록 자주 사용하는 네이버 아이디와 연동시키는 것이 현명하다.

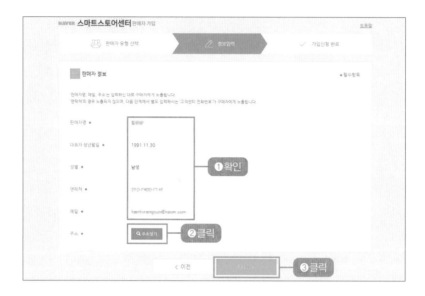

⑨ 스마트스토어 정보를 입력하기 전에 먼저 [노출위치 확인하기]를 클릭해 PC 화면과 모바일 화면에서 나의 스마트스토어 정보가 어떻게 노출되는지 확인해보자. 그런 다음 스마트스토어 정보 입력의 빈칸에 정보를 정확히 입력한 후 [다음] 버튼을 클릭한다.

이때 [스마트스토어 URL]은 'smartstore.naver.com/' 뒤에 사용할 주소를 입력하면 된다.

[스마트스토어 이름]은 소비자가 검색했을 때 나오는 상점명이다. 이름을 정할 때는 신중하게 고민해야 한다. 스마트스토어의 이름은 오프라인에서 볼 수 있는 건물의 간판과도 같다. 사람들이 인지하기 쉽고 좋은 이미지를 줄 수 있어야 한다.

오프라인에 나의 가게를 연다는 심정으로 판매하려는 제품군의 특성을 잘 살려 개성 있고 뇌리에 꽂히는 이름을 만들길 권한다.

이름을 설정한 후 수정 기회가 한 번 주어지지만 그 이후에는 바꿀 수 없다. 해당 스마트스토어를 폐쇄하고 다시 만들지 않는 한은 말이다. 가게의 간판이 계속 바뀐다면 어떨까? 가게의 정체성이 흔들리고 가게에 대한 신뢰도도 떨어질 것이다. 그런 가게가 입점되어 있는 건물주(네이버)도 좋아할 리 없다.

PC 버전

모바일 버전

⑩ 이번에는 판매 상품 정보를 입력할 차례다. [카테고리 선택] 창을 클릭해 판매할 상품을 선택하고, [상품 판매권한 신청]에서 [신청하지 않음]에 체크한다.

대표 상품 카테고리는 앞으로 판매할 여러 상품 중 주력할 상품을 지정하면 된다. 카테고리는 추후 변경하거나 추가할 수 있으므로 너무 많이 고민할 필요가 없다. [상품 판매권한 신청]은 판매가 제한적인 상품을 판매할 것인지 여부를 묻는 항목이다.

건강기능식품을 판매하려면 관련 교육을 이수한 후 영업신고증을 발급받아 제출해야 한다(84쪽 참조). 해외 상품(병행 수입) 등의 물건을 판매할 경우 정품 판매 확약서, 수입신고필증, 거래송장내역(Invoice) 등이 필요하다. 의료기기는 해당 보건소에 의료기기 판매업 신고를 하고 신고증을 발급받아야 판매가 가능하다.

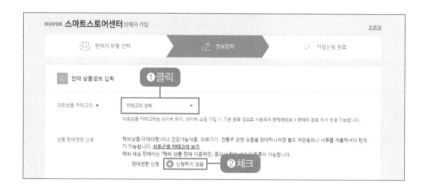

⑪ [상품 출고지 주소]와 [반품/교환지 주소]에는 앞서 입력한 사업장 주소가 기본으로 입력되어 있으니 확인만 하면 된다. 만약 별도로 창고를 이용할 경우에는 [출고지 주소]에서 [사업장주소와 동일] 버튼을 눌러 체크를 풀고 [주소수정]을 클릭해 새로운 주소를 입력한다. [출고지 연락처]도 반드시 바꾼다. [반품/교환지 주소]에서는 [사업장주소와 동일] 버튼을 눌러 체크를 풀고 [출고지주소와 동일]에 체크하면 출고지로 입력한 주소와 연락처가 동일하게 입력된다.

상품의 출고지와 반품·교환지는 해당 스마트스토어의 메인 출고·반품 장소를 말한다. 위탁 판매를 할 때는 출고지나 반품·교환지가 여러 곳이 될 수 있기 때문에 우선 사업장 주소로 입력한 후 추후에 조치를 취해야 한다(116쪽 참조).

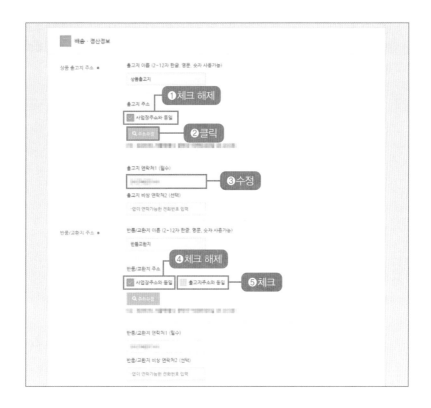

⑫ [정산대금 입금계좌/수령방법]을 입력한다. [은행선택] 창을 클릭해 은행을 선택하고, 예금주명과 계좌번호를 입력한 뒤 [인증] 버튼을 눌러 본인 인증을 진행한다. 마지막으로 [정산대금 입금계좌]에 체크한다.

이때 정산대금 입금계좌는 개인 계좌보다 앞으로 사용할 사업자 계좌를 입력하는 것이 좋다.

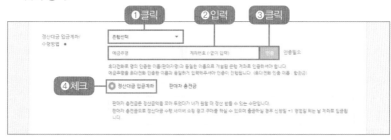

⑬ 담당자 정보에서 휴대전화 번호는 앞 단계에서 인증이 끝났으므로 [이메일 주소 인증]의 [인증] 버튼을 누른 후 이메일로 온 인증 번호를 입력한다. 인증이 완료되면 [다음] 버튼을 클릭한다.

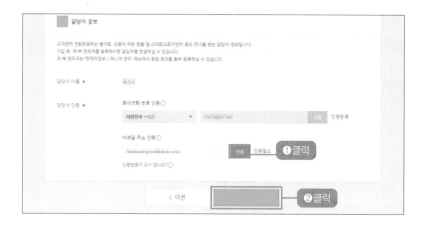

⑭ '100만 원 이상의 귀금속, 외환에 대한 환전서비스, 대부업, 카지노, 가상화폐와 연관된 상품 또는 서비스를 취급할 계획이 있으십니까?'라는 질문에 [아니오]를 눌러 체크한 후 [정보입력]을 클릭한다.
기본적으로 투기성이나 금전 거래, 도박과 관련된 내용들은 매우 제한적으로 운영된다는 사실을 기억하자. 꼭 [아니오]에 체크해야 한다.

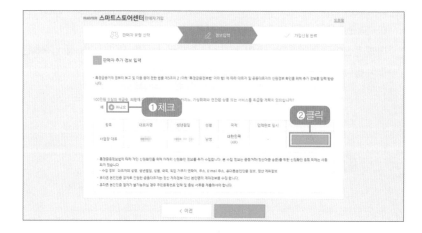

⑮ [신원확인 대상자 개인정보 입력]이라는 창이 뜨면 [실거주지 주소], [E-mail], [연락처]를 입력하고 [직업]을 선택한 후 [저장] 버튼을 클릭한다.

이제까지의 정보는 스마트스토어에 관련되거나 표시될 정보라면 이 부분은 스마트스토어 관리자 개인의 정보를 입력하는 부분이다. 실거주지가 사업장 주소와 같다면 [사업장 주소와 동일]에 체크하면 된다.

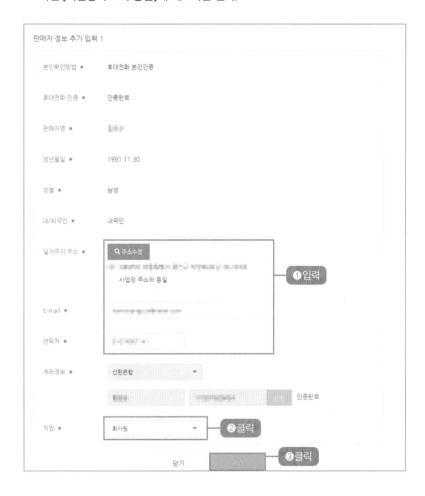

⑯ 정보 입력창이 사라지면 ⑭의 화면에서 [입력완료 일시]에 날짜가 뜬 것을 확인할 수 있다. 그러면 [신청 완료] 버튼을 클릭한다. 이것으로 판매자 가입 과정은 끝난다.

⑰ 가입이 완료되면 앞으로 익숙해져야 할 메뉴 화면이 나온다. 스마트스토어가 편리한 이유는 기존에 수기로 직접 관리하던 부분이나 인터넷 페이지 수정 등 모든 것을 간편하게 만들어놨다는 점이다. 메뉴만 익히면 웹디자이너가 아니더라도 손쉽게 운영할 수 있다.

스마트스토어가 없던 시절, 인터넷 판매를 한 적이 있다. 매번 물량 관리나 상세페이지 작업, 배송지 체크 등을 하느라 많은 시간을 허비했는데 스마트스토어는 이러한 작업을 한 번에 할 수 있도록 만든 플랫폼이다.

운영자는 왼쪽에 나열된 카테고리로 스마트스토어의 모든 셋업이 가능하다. 처음 스마트스토어를 접하는 사람은 활용 팁과 공지사항 등을 꼼꼼히 읽어보면 큰 도움이 될 것이다.

⑱ 2~3일간 스마트스토어 가입 심사가 이루어진다(개인 판매자의 경우 가입 즉시 심사가 승인되기도 한다). 기본적인 정보와 제출 서류에 문제가 없다면 승인 후 바로 스마트스토어 운영이 가능하다.

위탁 판매 시 반품 유의사항

아직 사업을 시작하지 않은 상황이라면 계약되어 있는 택배사가 없을 것이다. 이럴 경우 택배사를 지정하지 않으면 자동으로 우체국 택배와 거래된다.

추가적으로 택배와 관련해 반드시 알아야 할 사항이 있다. 나의 스마트스토어에서 판매하는 상품이 위탁 판매 상품일 때의 경우다. 내가 물건을 직접 제조하거나 모든 재고를 구매해서 판매할 때는 상품의 출고지와 반품지가 모두 같다. 이럴 경우 반품이나 교환 신청이 들어와도 문제가 되지 않는다. 반품 이유에 따라 배송료를 고객이 지불할 것인지, 판매자가 지불할 것인지를 정해놓기만 하면 된다.

그런데 위탁 판매 상품은 이야기가 다르다. 위탁 판매의 특성상 한 회사와 거래하기보다 여러 회사와 거래하는 경우가 많다. 내가 운영하는 스마트스토어에도 입점되어 있는 회사가 열 곳이 넘는다. 이 말은 제품의 반송지도 모두 열 군데가 넘는다는 의미다.

이때 고객이 반품 요청한 물건을 내 사무실이나 창고로 받은 뒤 다시 해당 회사(제품 출고지)에 재발송해야 한다면 배송비가 곱절로 든다. 이럴 땐 어떻게 해야 할까?

'자동수거지시 예외처리' 시스템을 이용해야 한다. 이는 고객이 반품 요청을 했을 때 대표 반품·교환지(나의 스마트스토어)로 저장되어 있는 주소지로 반품되는 것을 알림을 통해 방지하는 시스템이다.

자동수거처리를 할 경우 소비자가 반품을 누르는 순간 물품을 수거해 자동으로 나의 주소지로 배송된다. 절대 있어서는 안 되는 일이다. 이를 막기 위해 자동수거지시 예외처리를 요청해야 한다.

가장 먼저 해야 할 작업은 소비자가 해당 내용을 인지할 수 있도록 상품의 상세페이지에 아래와 같은 공지사항을 기재해야 한다.

상세정보	리뷰 104	Q&A 0	반품/교환정보

A/S 안내

제품관련 문의 (9~2)(세시까지)

공지사항

상품마다 출고지 및 반품, 교환지가 달라서 자동수거접수가 불가합니다.
반품, 교환 등의 모든 문의는 판매자 연락처로 연락 주시거나
네이버 톡톡으로 남겨주시면 안내해드리겠습니다.

이 공지사항은 지정되어 있는 문구다. 이때 주의할 점이 있다. 위탁 판매되는 모든 상품의 상세페이지에 공지사항을 기재해야 한다는 것이다. 이 작업을 완료하면 스마트스토어센터에서 [고객센터]의 [1:1 문의하기]나 [톡톡상담]을 통해 자동수거지시 예외처리를 요청한다. 오른쪽

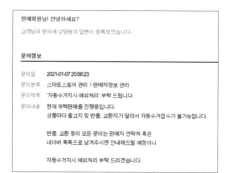

판매회원님! 안녕하세요?
고객님의 문의에 상담원의 답변이 등록되었습니다.

문의정보

문의일 2021-01-07 20:56:23
문의분류 스마트스토어 관리 > 판매자정보 관리
문의제목: 자동수거지시 예외처리 부탁 드립니다.
문의내용: 현재 위탁판매를 진행중입니다.
상품마다 출고지 및 반품, 교환지가 달라서 자동수거접수가 불가능합니다.

반품, 교환 등의 모든 문의는 판매자 연락처 혹은
네이버 톡톡으로 남겨주시면 안내해드릴 예정이니

자동수거지시 예외처리 부탁 드리겠습니다.

은 1:1 문의를 한 내용이다. 문의한 요청사항을 검토하고 이상이 없으면 다음과 같은 답변을 준다.

자동수거지시 예외처리는 자동수거보다 몇 단계 더 실무 작업을 해야 하기 때문에 네이버 관리자에게 주의사항을 전달받는다. 반품이나 교환은 스토어 관리 차원에서 신속하게 처리되어야 하는 부분이니 재빠르게 대응하길 바란다.

자동수거지시 예외처리 요청이 완료되면 소비자가 반품 요청을 할 경우 자동수거가 불가하니 해당 업체(나의 스마트스토어)로 연락하라는 안내사항이 팝업창으로 공지된다. 그러면 소비자는 스마트스토어 대표전화나 네이버 톡톡을 통해 반품 요청을 한다. 그때 그 상품을 판매한 위탁업체 정보를 전달하면된다. 굉장히 복잡해 보이지만 한 번 설정해놓으면 반품 주소지에 대해서만 대응하면 되기 때문에 크게 어렵지 않다.

스마트스토어에
상품 등록하기

가장 중요한 일이자 필수 코스, 스마트스토어에 판매할 상품을 등록해보자. 등록할 때
입력해야 할 사항이 꽤 많지만 꼼꼼히 하나하나 정보를 입력해야 한다.
아무리 좋은 상품이더라도 제대로 등록하지 않으면 상위 노출이 되지 않을 뿐 아니라
상품 판매량에도 악영향을 미친다. 상위 노출의 핵심이 상세한 상품 정보라는 사실을
잊지 말고 천천히 따라 해보자.

① 스마트스토어센터에 접속한 뒤 [로그인하기]를 클릭해 로그인한다.

② [상품 관리]와 [상품 등록]을 순서대로 클릭하면 [상품등록] 페이지가 나타난다. 빨간색으로 표시(·)된 부분은 필수로 입력해야 하는 항목이니 빠뜨리지 말고 입력하자.

③ 먼저 카테고리를 설정해보자. [카테고리명 선택]을 클릭하면 카테고리가 단계별로 나타난다. 판매하려는 상품의 카테고리를 [대분류] → [중분류] → [소분류] → [세분류] 순으로 선택한다.

④ [상품명] 항목의 빈칸에 판매할 상품의 상품명을 입력한 후 바로 아래에 있는 [상품명 검색품질 체크] 버튼을 클릭한다.

여러 단어로 이루어진 키워드를 등록할 때는 중복되는 단어가 없어야 하고, 상품과 관련 없는 스펙이나 브랜드명은 언급해선 안 된다. 또 유명 브랜드를 사칭하는 듯한 '∼스타일', '∼느낌', '∼st' 등의 표현도 제재 대상이 된다.

⑤ [상품명 검색품질 체크]를 클릭하면 입력한 키워드가 사용 가능한지 확인할 수 있다. 상품명에 문제가 없으면 아래와 같은 메시지가 뜬다. [확인] 버튼을 클릭한다.

상품명이 잘못 입력되었거나 문제가 있을 때는 키워드 수정 방향에 대한 가이드를 받을 수 있다. 시장의 교란을 막기 위한 시스템으로 나는 이 부분을 긍정적으로 생각하는 편이다.

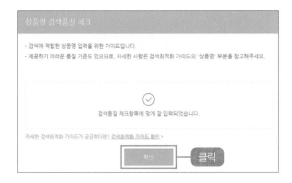

⑥ [판매가] 항목의 빈칸에 원하는 판매가를 입력한 후 [할인], [판매기간], [부가세] 항목은 해당하는 것을 선택한다.

판매가를 설정할 때는 네이버쇼핑 매출 연동 수수료 2%와 네이버페이 결제 수수료가 별도로 부과되는 점을 고려해야 한다.

할인은 PC와 모바일을 따로 설정할 수 있으며, 특정 기간만 할인할 수 있도록 설정할 수도 있다. 판매 기간도 정할 수 있어 한정 판매의 경우 활용하기 좋다.

부가세의 경우 부가가치세가 부과되는 상품은 과세상품을, 부가가치세가 면제되는 상품은 면세상품을 선택한다. 팁을 주자면 면세상품인 농·축·수산물과 책을 제외하고 대다수 상품은 과세상품이다.

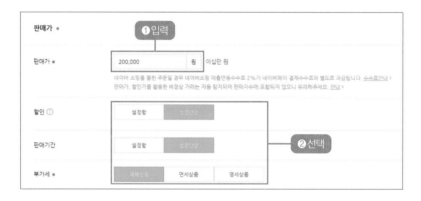

⑦ [재고수량] 항목에 가지고 있는 상품의 수량을 입력한다. 이때 재고 수량을 정확히 체크해 과주문이 들어오지 않도록 관리해야 한다.

⑧ 이제 제품 검색 시 첫 화면에 나오는 대표 이미지를 설정해보자. [대표 이미지] 항목의 박스 안 [+] 모양을 클릭한 뒤 사진 파일을 선택한다.

대표 이미지는 당연히 제품 사진 중 가장 시선을 끌고, 클릭하고 싶게 만드는 이미지여야 한다. 그래야 고객 유입량을 늘릴 수 있다. 제품의 다른 이미지를 보여주고 싶거나, 사용 설명이 필요하거나, 연출 컷이 필요할 때는 'GIF 파일'을 등록하는 것도 좋다. GIF 파일은 움직이는 파일로, 최대 1분짜리 영상도 게재할 수 있어 조금 더 입체적인 정보를 제공하는 데 도움이 된다.

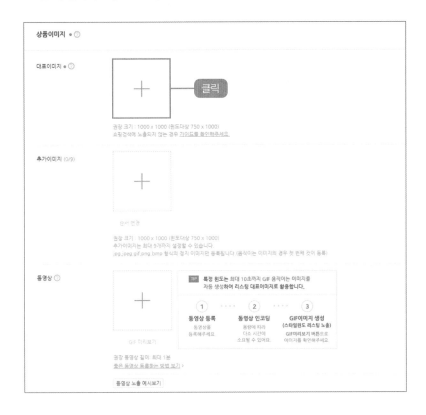

⑨ 상품의 상세 설명을 입력할 차례다. [SmartEditor One으로 작성] 버튼을 클릭해 상품의 상세페이지를 작성한다.

'스마트에디터 원'은 블로그 포스팅을 쓰듯 상품의 소개글을 작성할 수 있는 서비스다. 상품의 디테일한 사진과 장점을 직접 써서 꾸밀 수 있으며, 외부에서 작업한 파일도 올릴 수 있다. 상품 분야별로 템플릿이 있어 활용하면 쉽게 작업할 수 있다.

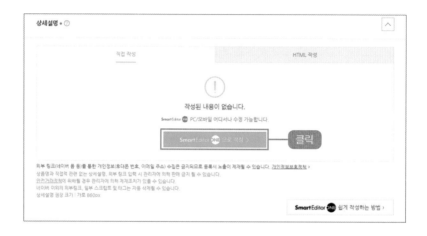

⑩ 이 외에도 [상품 주요정보], [상품정보제공고시], [배송], [반품/교환], [A/S, 특이사항], [노출 채널] 등의 필수 항목을 비롯한 다양한 정보를 입력할 수 있으니 각각의 항목을 클릭해 해당 내용을 입력한다. 마지막으로 네이버쇼핑 검색에 잘 노출되는지 체크해볼 수 있는 [쇼핑 상품정보 검색품질 체크]를 클릭해 확인한 후 [저장하기] 버튼을 클릭한다.

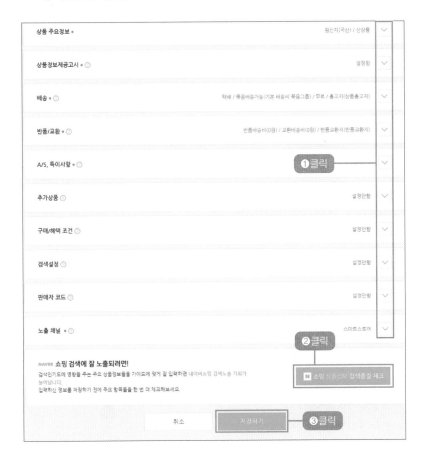

네이버 쇼핑라이브 앱 실행하기

네이버 쇼핑라이브를 진행하려면 앱을 설치해야 한다. 이건 거의 모든 플랫폼이 동일하다. 각 플랫폼마다 앱이 출시되어 있으므로 관심 있는 플랫폼 앱을 다운받는다. 앱을 실행시켜 어떤 형태로 운영되고 있는지 파악해보고, 나의 상품을 플랫폼에서 어떻게 진행시킬 수 있을지 고민해보자. 아직 어떤 플랫폼이 라이브커머스 시장에서 최종 승자가 될지 모른다. 따라서 모든 플랫폼을 염탐해두길 바란다.

① 앱스토어에서 '네이버 라이브커머스'를 검색한다. 네이버 쇼핑라이브 앱이 검색 결과로 뜨면 [설치] 버튼을 터치해 앱을 다운받는다.

② 네이버 쇼핑라이브 앱을 실행시키면 두 가지 로그인 방법이 나온다. 앞서 스마트스토어에 가입했으니 [스마트스토어 센터 로그인] 버튼을 터치한다.

③ 쇼핑라이브를 진행하고자 하는 계정을 선택해 인증 후 로그인한다. 이 책에서는 네이버 아이디로 인증을 진행해보겠다. [네이버 아이디로 인증] 버튼을 터치해 본인 인증을 진행한다.

④ 인증을 마치면 보유한 스마트스토어 계정 목록이 나타난다. 그중 판매할 상품이 입점되어 있는 스토어를 선택한 후 [확인] 버튼을 터치한다. 쇼핑라이브 진행 조건이 충족된 파워 등급 이상의 스토어인 경우 '연동 되었습니다'라는 메시지가 뜨며 이때 다시 [확인] 버튼을 터치한다.
참고로 스마트스토어에서는 스토어의 매출액에 따라 하나의 계정에서 여러 개의 스토어를 만들 수 있다.

⑤ 연동이 완료되면 스마트스토어 계정으
로 접속된다. 하단의 [라이브 시작하기]
버튼을 터치한다.

⑥ '쇼핑라이브 관리툴 이용가이드' 메시지 창이 화면에 뜨면 내용 확인 후 하단의
[X]를 터치한다.
라이브 방송 시작 전 네이버에서 제공하는 모든 정보는 꼼꼼히 읽어 꼭 숙지하는
것이 좋다.

쇼핑라이브 메뉴 설정 화면 기능 소개

❶ 연필 모양을 누르면 라이브 방송의 타이틀을 수정할 수 있다.

❷ 대표 이미지를 설정할 수 있다. 방송 첫 화면에 나오는 이미지로, 최대한 시선을 끌 수 있는 사진을 넣자.

❸ 방송에서 판매할 상품을 등록할 수 있다. 최대 20개까지 동시 진행이 가능하다.

❹ 라이브 시작 전 리허설을 통해 최종 점검이 가능하다.

❺ 예약을 활용해 방송 송출 시간을 지정할 수 있다.

❻ 사진을 찍을 때 필터링 효과를 넣는 것처럼 다양한 톤의 연출이 가능하다.

❼ 채널을 홍보하기 위해 '공유하기'나 'URL 복사' 기능을 활용할 수 있다.

❽ 화면을 확대하거나 축소할 수 있다. 단, 라이브를 진행할 때는 사용하지 말자. 카메라의 초점이 잘 맞지 않고 흔들림에 예민해진다.

❾ 셀카를 찍는 것처럼 화면을 전환할 수 있다.

⑦ 왼쪽 상단의 카메라 메뉴를 터치해 대표 사진을 설정한 후 하단의 [상품을 추가하세요] 부분을 터치해 상품을 등록한다.

쇼핑라이브 상품 등록 노하우

쇼핑라이브는 한 방송에 최대 20개의 상품을 등록할 수 있다. 이때 다양한 세트 상품을 구성하면 소비자의 구매 욕구를 끌어올리는 데 유용하다.

A, B, C, D, E 5종류의 상품이 있다고 가정해보자. 각 상품을 따로따로 판매하면 상품 등록은 5개가 끝이다. 하지만 세트를 추가한다면 A+B 세트, C+E 세트, A+B+C+D 세트 등 다양한 상품 구성이 가능하다.

이 방식의 이점은 그동안 시도해보지 못했던 세트 상품을 구성해보고 실시간으로 반응을 확인할 수 있다는 것이다. 이는 세트로 구성된 상품이 같은 카테고리의 상품이 아니더라도 서로 보완재일 경우 큰 시너지 효과를 발휘한다. 쌀, 고등어, 김치, 김, 간장게장, 찌개(밀키트, 레토르트식품)로 상품을 구성해 한 상 차려 식품 방송을 진행한다고 생각해보자. 1시간 동안 각각의 제품을 따로 방송했을 때보다 더 큰 매출을 기대할 수 있다.

개인적으로 상품 매출은 구성과 가격이 80% 이상을 차지한다고 생각한다. 상품을 판매할 땐 항상 다른 어떤 상품과 어울리는지, 상반되는 상품은 무엇인지 고려하며 구성하는 습관을 들여야 한다. 여러 방식으로 시도하다 보면 어떤 상품 구성이 구매에 큰 영향을 미치는지 파악할 수 있다. 그 상품 구성을 메인으로 두고 서브 구성이나 옵션을 바꿔가며 메인 구성과 또 다른 시너지가 나는 2차, 3차 상품 구성을 찾아나가는 지혜가 필요하다.

⑧ 이번에는 필터 효과를 적용해보자. 필
터 메뉴를 터치하면 다양한 필터 효과
가 나타난다. 그중 원하는 필터를 터치
해 선택한다.
다양한 효과를 낼 수 있는 필터가 많으
니 꼼꼼하게 확인해보고 선택해보자.

 실수하기 쉬운 채도 설정

채도는 자연광이나 스튜디오의 조명 세팅에 따라 많이 달라진다. 상품의 특성상
특히 색감이나 비주얼이 중요하다면 리허설 기능을 통해 다양한 컬러의 색감을
미리 확인한 후 필터를 선택하는 게 좋다. 실제 송출되는 화면의 색감이 내가 원
하는 색감인지 송출 화면을 통해 확인해야 한다.
이때 한 가지 주의해야 할 사항이 있다. 대부분 셀카를 찍는 데 익숙해서 얼굴 톤
에 맞춰 채도를 설정하는 경우가 많다. 하지만 절대 잊지 말자. 방송을 하는 궁극
적인 목적은 매출을 늘리기 위함이다. 즉 내가 예뻐 보이는 데 초점을 맞춰선 안
된다. 자신의 모습보다 모바일 화면에 비치는 상품에 더 집중해 색감을 설정하자.
예쁜 모습과 멋있는 모습은 매출을 늘린 후 실생활에서 뽐내도 충분하다. 라이브
방송을 하는 시간은 내가 아니라 상품이 주인공이 되어야 한다.

⑨ 모든 세팅이 완료되면 리허설을 진행해
보자. 하단의 [리허설]을 터치한 후 [시
작] 버튼을 누른다.
방송 전에 리허설을 진행하면서 조명의
밝기와 화면에 보이는 전체 사이즈, 동
선 등을 꼭 체크한다.

 리허설을 꼭 해야 하는 이유

'리허설이 얼마나 중요하겠어?'라고 의문을 가질 수 있다. 하지만 정말 중요하다.
리허설을 한다고 해서 처음부터 끝까지 정석대로 방송을 다 진행하라는 말은 아
니다.

다만 실제로 방송할 때처럼 어느 정도 긴장감을 가지고 예행연습을 할 필요는 있
다. 고객에게 말한다고 상상하며 자신이 준비한 멘트나 상품 소개가 어색하지 않
은지, 논리에 맞고 설득력이 있는지 등을 확인하자. 그러면 어떤 말을 빼고 언제
말하고 무엇을 더 설명하면 좋을지 등을 알 수 있다.

또 함께 방송을 준비하는 스태프와 관계자의 의견도 들을 수 있다. 사공이 많아
배가 산으로 가면 안 되지만, 자신이 생각하는 큰 틀을 벗어나지 않는 한 디테일
한 부분은 다른 사람과 의견을 공유하는 과정에서 더 발전할 수 있다.

라이브커머스 방송은 보다 대중적이고 친근한 표현 방식과 자연스러운 진행이
가장 중요하다. 큰 소리로 말하며 목소리 톤의 높낮이와 목소리 수음 문제 등도
간과하지 말고 반드시 체크해보자. 경험에 비추어보면 '이 정도면 괜찮겠다' 생각
했던 곳에서 꼭 문제가 발생한다.

네이버 쇼핑라이브, 지금은 방송 중!

오른쪽 사진은 내가 처음으로 라이브커머스 방송을 진행한 화면이다. 영광스럽게도 첫 방송에서 세계적인 국내 대표 브랜드인 LG전자의 그램 노트북을 론칭했다.

방송할 때는 어떤 사람과 짝을 이루는지가 매우 중요하다. 나와 함께 출연한 진행자는 150만 유튜버 문에스더 님이다. 국내뿐 아니라 해외 유명 아티스트의 곡을 똑같이 커버링해 글로벌 팬을 확보한 세계적인 유튜버다. 유명 유튜버와 함께 방송하면 긴장되지만, 반대로 방송할 맛이 나기도 한다. 왜일까?

모든 세팅이 적용된 실제 방송 화면.
방송이 시작되면 채팅창은 자동 연동된다.

사진 상단에 작은 플레이 버튼이 보이는가? 이 방송의 시청자 수다. 자그마치 3만 명이다. 3만 명은 제품을 보기 위해 그리고 문에스더를 모바일 쇼핑 방송에서 만나기 위해 모인 팬과 소비자다. 한 시간 내내 채팅창이 빠르게 움직인다. 메인 진행자인 나조차 한 문장을 다 읽기 힘들 정도다. 그야말로 셀럽의 힘을 느끼는 순간이다.

보통 쇼핑 채널에서 왼쪽 진행자를 메인 쇼호스트, 오른쪽 진행자를 서브 쇼호스트 혹은 게스트라 부른다. 메인 쇼호스트의 역할은 방송 전체의 흐름을 이끈다. 상품의 중요 포인트에 대해 자세히 설명하고 부수적인 설명이나 느낌, 시연 등은 서브 쇼호스트와 분배해 진행한다. 하지만 셀럽이 출연하면 많은 역할을 맡겨야 한다. 쇼호스트의 말보다 특별 게스트의 퍼포먼스를 보고 싶어 하는 시청자가 많기 때문이다. 그런 상황에서도 상품에 대한 중요한 정보들을 구매자에게 전달해야 하기 때문에 메인 진행자는 채팅창과 스태프 분위기를 눈치껏 살피며 간결하고 정확하게 진행해야 한다.

하지만 앞으로는 누가 메인이냐 서브냐 하는 개념조차 점점 사라질 것이다. 이는 20년 전 홈쇼핑에서 시작한 개념이기 때문이다. 홈쇼핑에서 비롯된 정해진 틀과 정형화된 설명 패턴은 라이브커머스 채널 특징에 맞추어 점차 변화될 것이다.

2021년 현재에도 여전히 홈쇼핑과 같은 방식으로 진행해서 어색하거나 매끄럽지 못한 방송이 눈에 띈다. 앞으로 더욱 스트리밍에 맞는 모습으로 변해야 한다. 내 집에서 우리 가족, 친한 친구와 함께 방송하는 것처럼 편안한 연출이 필요하다.

결론적으로 해당 방송의 매출은 어땠을까? 구체적인 액수를 언급할 순 없지만 네이버 본사 담당자도, LG전자 관계자도 꽤 만족스러운 결과라고 알렸다.

라이브커머스, 왜 조금이라도 빨리 시작해야 할까?

라이브커머스, 스마트스토어와 관련한 운영 노하우와 각종 프로모션 등은 '네이버 쇼핑 파트너'(blog.naver.com/naver_seller) 블로그에서 확인할 수 있다. 네이버의 가장 큰 장점이자 단점은 바로 로직의 변경이다.

블로그 전성시대에 활동한 사람이라면 충분히 이해할 수 있을 것이다. 일정한 로직이나 알고리즘에 따라 블로그의 제한이나 제약, 폐업 등에 대한 위험에 항상 노출됐다. 이는 정확한 정보 전달, 솔직한 리뷰, 정당한 판매 등을 촉진하기 위한 방법이라는 측면에서 필요한 시스템이다. 그에 맞춰 블로거는 네이버의 로직에 벗어나지 않는 선에서 최대한 홍보하고 판매하기 위해 로직을 파악하는 데 힘썼다. 그래서 현재 블로그의 정보들이 예전보다 훨씬 정확한 것일 수 있다.

그렇다면 스마트스토어나 라이브커머스는 어떨까. 특히 더 빠른 변화와 대중화가 예상되는 라이브커머스 시장은 지금의 도입기를 지나 더 많은 사람이 이용하는 시점이 되면 다양한 제약이 발생할 가능성이 크다. 그러면 이미 시장에 진입한 플레이어는 조금씩 추가되는 제약에 맞추어 대처할 수 있더라도 새로 시작하는 이들에게는 큰 장벽이 될 수 있다.

바로 이것이 내가 이야기하는 시장 선점의 중요성이다. 시장이 소외당하고 관심을 못 받을 때 시작해야 큰 기회가 생긴다. 홈쇼핑도 온라인 쇼핑몰도 블로그나 SNS 공동 구매도 마찬가지였다. 불모지에서 시작한 1세대의 성공담

이후 2세대, 3세대의 성공 소식을 잘 듣지 못하는 이유도 여기에 있다. 반면 네이버의 변화를 먼저 캐치하고 대처하는 사람에겐 지속적인 기회의 장이 열릴 것이다.

체계적인 시스템과 정보 제공이 네이버의 가장 큰 매력이다. 꼭! 반드시! 좋은 정보를 주는 네이버 자체 매뉴얼을 수시로 확인해야 한다. 내 스토어 혹은 라이브커머스 운영 시 자주 등장하는 팝업 공지를 등한시하지 말고 반드시 숙지하자.

네이버 쇼핑라이브
진행 노하우

라이브커머스 앱의 사용법까지 알았으니 이제 실제 방송을 어떻게 진행하는지 알아볼 차례다. 사실 방송은 스마트폰과 상품만 있으면 언제 어디서든 진행할 수 있다. 하지만 우리는 상품을 팔아야 하는 입장이기 때문에 조금이라도 더 사고 싶도록 만들려면 신경 써야 할 부분들이 있다.

사실 조명 세팅부터 제품 세팅까지 혼자서 하기 힘들 수 있다. 방송을 해본 사람이라면 이 과정이 크게 어렵지 않다는 걸 알겠지만 초보라면 매우 어렵게 느껴질 것이다. 이럴 때 한두 번 정도 대행사를 통해 방송 경험을 쌓는 걸 추천한다. 대행사가 어떻게 방송을 준비하는지, 쇼호스트가어떻게 진행하는지 직접 경험하면서 자신만의 노하우나 개선점을 찾는다면 혼자 방송할 때 큰 도움이 될 것이다.

반대로 모든 진행을 대행사에 맡기는 것은 추천하지 않는다. 직접 해보지 않으면 어떤 점이 중요하고 무엇을 개선해야 하는지, 고객들이 어떤 부분에서 반응하는지 캐치하기 힘들기 때문이다. 단순히 보는 것과 실제 방송 진행은 많은 차이가 있으니 혼자서 하는 것도 꼭 도전해보길 권한다.

책의 구성 역시 먼저 대행사를 통해 방송을 진행하는 전반적인 과정을 살펴보고, 혼자 진행할 때 어떤 도구들이 필요하며 어떻게 활용해야 하는지 알려주는 순서로 되어 있다. 차근차근 알아보자.

라이브커머스 진행 과정 훑어보기

스마트스토어는 물건을 판매해본 사람에겐 어느 정도 익숙한 방식이다. 쉽게 말해 판매자가 온라인 판매를 더 쉽게 할 수 있도록 기존 인터넷 쇼핑몰의 형태를 체계화한 채널이다. 그러나 라이브커머스는 이야기가 다르다. 전혀 경험해보지 못한 판매 방식이다 보니 막막하다. 온라인 쇼핑몰 경험이 있는 판매자도 어디서부터 어떻게 시작해야 할지 갈팡질팡한다. 그래서 대행사를 물색해 방송 진행을 요청하는 경우가 많다.

대행사에 방송을 위탁할 경우 대개 전화상으로 대략적인 제품 설명을 하고 자세한 내용을 논의하기 위해 1차 미팅을 한다. 쇼호스트와 스태프를 제외한 최소한의 운영 인원과 영업 담당자가 회의에 참여한다. 회사에 대한 설명, 제품에 대한 특징, 제작 의뢰 콘티, 스튜디오 느낌 등을 논의

한다. 2차 미팅에선 앞서 논의한 내용을 정리하고 지속적인 연락을 통해 수정, 보완하는 작업을 한다.

어떤 쇼호스트를 섭외해야 할까?

1차 회의나 유선 회의 때 쇼호스트에 대한 대략적인 정보를 요청하자. 전체 대행 비용 중 가장 많은 부분을 차지하는 것이 쇼호스트 비용이라 꼼꼼히 체크할 필요가 있다. 쇼호스트는 일반적으로 모델이나 연예인과 같이 인기가 많은 쇼호스트의 비용이 높다. 1인 진행과 2인 진행 중 선택할 수 있으며, 쇼호스트의 특징이나 진행 인원 수에 따른 장단점 등을 자세히 물어봐야 한다. 그래야 방송 진행 과정에서 예산 문제를 줄일 수 있다.

사실 모바일 쇼호스트로 시작한 이들은 TV 쇼호스트 출신보다 방송 경험이 적어 판매 스킬이 부족한 경우가 많다. 그러니 쇼호스트에 대한 자료를 받을 때 실제 판매 방송 영상이나 링크를 받아 확인하자. 판매 방송이 아닌 아나운서나 리포터 경력의 링크를 보내는 경우 아직 판매 방송 경험이 없거나 이전 방송 진행이 매끄럽지 못해서일 수 있다. 이 부분을 집요하게 파고들어야 한다. 모바일 쇼호스트는 외모보다 매력도에 더 많은 사람이 호응한다는 사실도 잊어선 안 된다.

쇼호스트가 정해지면 2차 미팅 때 함께 참여하도록 권한다. 그때 우리 상품에 맞는 이미지와 분위기 등을 최대한 구체적으로 요청한다. 쇼호스트의 회의 참여 태도를 보고 생각과 다른 느낌이거나 적극적이지 않다면 과감히 다른 사람으로 교체해줄 것을 요청해야 한다.

세일즈 포인트 설정과 기획력을 검증하라

방송을 진행하기 전에 대행사와 쇼호스트에게 판매할 제품에 대해 아주 상세하게 설명한다. 이후 판매할 제품의 장단점은 무엇이고, 그중 우선순위는 무엇인지, 어떤 순서로 제품을 나열할지, 또 제품의 장점을 어떤 식으로 표현할지 등에 대해 구체적으로 요구해야 한다.

사실 여기서 대행사의 실력이 판가름 난다. 정말 실력을 갖춘 진짜 판매 전문가인지 아닌지 알 수 있는 대목이다. 어떤 쇼호스트를 보유하고 있는지도 중요하지만 정확한 세일즈 포인트 설정과 방송 진행에 대한 기획력이 없다면 과감히 다른 대행사로 바꿔야 한다.

이런 경우를 대비해 최소 세 곳의 대행사와 동시에 접촉하는 방법을 권한다. 여러 대행사와 동시에 미팅하며 진위를 파악해야 한다. 몇백만 원의 비용이 드는 만큼 하나라도 의심된다면 절대 그냥 넘어가지 말자.

이벤트와 프로모션을 미끼로 끌어들여라

라이브커머스에서 절대 빠질 수 없는 것이 이벤트와 프로모션이다. 한 시간 동안 시청자를 잡아두기 위한 강력한 무기다. 구매율을 높일 수 있는 방법이기도 하다.

내가 잘 쓰는 방식은 '일단 뿌리고 본다'다. 방송 시작 후 10분 안에 준비된 사은품 중 중간급을 골라 바로 추첨을 한다. 채팅 참여도가 좋은 사람, 제품을 사용하고 있는 사람, 제품 설명을 나보다 먼저 말하는 사람, 브랜드에 대한 충성도가 있는 사람 등을 눈치껏 파악해 선물을 준다. 그러면 다른 사람들도 어떻게 하면 선물을 받을 수 있는지 궁금해한다. 그때 준비한 이벤트 선물을 다 공개하고 끝까지 참여한 사람에게 주는 선물도 빼놓지 않고 알려준다.

이 방법을 활용하면 채팅창을 활성화시킬 수 있고 방송 분위기도 좋게 만들 수 있다. 이벤트와 프로모션의 핵심은 물건을 구입하는 사람이 절대 손해 보지 않는 조건을 만드는 것이다. 또 참여하는 사람이 좋은 정보를 얻고 유익한 시간을 보내며 비교적 쉽게 사은품을 받을 수 있어야 한다. 대행비에는 프로모션 비용이 거의 책정되지 않기 때문에 이 부분을 감안하고 미리 책정해두면 좋다.

스튜디오 선정에 시간을 아끼지 마라

상품에 대한 정보를 어느 정도 숙지하고, 그 상품에 맞는 디스플레이와 레이아웃을 결정했다면 이제 스튜디오를 구해야 한다. 방송이나 촬영 경험이 없다면 스튜디오를 어떻게 찾아야 하는지, 어떤 종류의 스튜디오를 섭외해야 하는지 모를 수 있다. 이처럼 정보가 전무한 상황이더라도 스스로 찾아보는 노력을 해야 한다.

인터넷 검색을 통해 내가 원하는 느낌의 스튜디오를 찾아 캡처하거나 링크를 복사해도 좋다. 시간이 된다면 사전 답사를 추천한다. 그래야 스튜디오의 크기와 준비된 집기 등을 눈으로 확인할 수 있다. 그렇게 발품을 팔다 보면 지금 당장은 이용하지 않더라도 다른 상품을 방송할 때 답사했던 스튜디오 중 적합한 곳이 순간 머릿속에 떠오르기도 한다. 그럼 시간을 절약할 수 있다.

대행사를 쓰는데 굳이 내가 직접 스튜디오를 찾을 필요가 있을까? 대행사를 통해 구하더라도 다른 스튜디오들이 어떤 분위기를 연출하며, 어떤 소품이 배치되어 있는지 미리 알고 있으면 스튜디오를 고르는 눈이 높아지고 대행사에 더 디테일하게 요청할 수 있다. 또한 우리의 궁극적인 목표는 혼자서 라이브커머스를 방송하는 것임을 잊지 말자. 다 피가 되고 살이 되는 정보다. 그럼 이제 대행사를 통해 쉽게 스튜디오를 선정하는 방법에 대해 알아보자.

먼저 대행사가 보유하고 있거나 계약을 맺은 스튜디오 위주로 후보를 추린다. 의뢰하는 입장에서는 아무래도 비용이 중요하다. 대행사가 미리 장기 계약을 맺은 스튜디오가 있다면 그곳을 활용하는 것이 비용 절감 차원에서 좋다. 스튜디오 선정 시 대행사에서 자체 보유하고 있는 스튜디오가 있는지, 장기 계약을 통해 적은 비용으로 사용 가능한 스튜디오가 있는지 먼저 확인하자. 어느 정도 퀄리티 대비 비용 절감이 된다면 그곳을 선택하는 것이 가장 합리적이다.

스튜디오 리스트를 정리했다면 꼭 현장을 방문해야 한다. 핸드폰이나 PC 모니터로 본 내부 모습과 실제 현장은 색감, 분위기, 크기 등이 상이한 경우가 많다. 사전 답사를 통해 스튜디오 내부를 확인하고 상품을 배치할 위치와 배경 색상, 사용 가능한 소품 등을 체크하며 동선을 파악해야 한다. 즉 미리 시뮬레이션해봐야 한다.

그 밖에 지원 가능한 전자기기, TV 미러링, 블루투스, 오디오, 조명, 테이블, 호환기기, 연결 케이블 등 사소한 것까지 모두 꼼꼼히 체크한다. 그래야 생방송 당일에 허둥대는 일이 생기지 않는다.

리허설 중에 꼭 확인해야 할 것

방송 전 리허설은 굉장히 중요하다. 그중 가장 중요한 부분은 기기 연결 상태다. 모바일 방송이니 핸드폰만 있으면 될 거라 생각할 수 있지만 우리나라 와이파이 기술을 너무 믿으면 안 된다. 특히 스튜디오는 위치 자체가 외지거나 지하에 있는 경우가 대부분이다. 비교적 넓은 면적이 필요해 임대료가 저렴한 곳을 찾기 때문이다. 그래서 가장 먼저 인터넷 연결 상태를 체크해야 한다. 모바일 방송의 생명인 와이파이와 인터넷 환경을 체크하고 방송 송출 시 끊김이나 블랙 현상이 발생하지 않도록 대비해야 한다. 네이버 자체 서버의 결함으로 송출이 끊기는 경우도 있지만 스튜디오 환경이나 대행사 자체 시스템 문제로 송출이 지연되는 끊김 현상이나 딜레이가 발생할 수 있다. 만약 이런 부분이 매출에 영향을 미쳤다고 판단하면 대행사와 협의해야 한다.

방송 당일에는 모든 인원이 최소 2시간 전에 스탠바이 상태여야 한다. 생방송이기 때문에 시간을 빠듯하게 관리하다 보면 자칫 큰 사고가 날 수 있다. 상품에 따라 식품이라면 음식 상태가 괜찮은지, 재료는 충분한지, 집기는 완비가 됐는지 지속적으로 체크한다. 전력을 많이 사용하는 TV나 냉장고, 가전제품의 경우 사이즈별로 여러 대를 구동해야 하기 때문에 스튜디오의 전력이 충분한지 체크하고 지속적으로 전력이 잘 공급되는지 점검해야 한다. 무선 마이크의 수음 상태도 확인하고 쇼호스트가 소통 방송을 무난히 진행할 수 있도록 모니터 기기들의 연결 상태도 체크해야 한다.

내가 대행으로 방송했을 때 1시간 동안 몇 분 단위로 방송이 끊기는 사고가 발생한 적이 있다. 이러면 업체와 대행사 사이에 묘한 기류가 흐른다. 네이버 자체 서버의 문제가 아니라면 기술적 문제에 대한 책임은 물론 제작사에 있다. 그래서 무선 통신 환경이 열악한 경우 유선으로 직접 연결하는 방법을 알아두거나 휴대용 고용량 와이파이 기계를 구입하는 방법을 추천한다. 추가 비용이 들 수 있으나 일이 잘못되어 판매 방송이 송출되지 못하는 것보단 낫지 않을까?

그리고 우리나라의 전력 공급 상태를 너무 맹신해선 안 된다. 많은 전력을 사용하는 공간이라 한순간에 암흑이 될 수 있다. 방송 1시간 전에 비슷한 양의 전력을 몇십 분 정도 돌려보자. 무언가 깜빡거리거나 불안정하다면 전기 공급량을 늘리거나 사용량을 줄이는 방법을 찾아야 한다.

마지막으로 진행자의 동선을 파악하고 혹여 방해 요소는 없는지, 어딘가 가려지는 부분은 없는지, 조명에 의해 과도한 그림자가 생기지는 않는지 체크해야 한다. 진행자가 최대한 전방을 주시하며 실시간 모니터링을 할 수 있게 모니터의 각을 잡아주는 일도 매우 중요하다. 이는 대행사에서 알아서 해야 하는 부분이지만 이런 디테일한 부분을 놓치는 경우가 꽤 많다. 내 상품이니 내가 나서서 체크하는 깐깐함을 보여줘야 한다.

라이브커머스 방송에 필요한 도구들

혼자 라이브커머스를 진행하려면 어떤 도구들이 필요할까? 방송을 하기 위한 준비물로는 일단 촬영에 쓸 핸드폰 혹은 카메라(카카오커머스 쇼핑하우의 경우 카메라로 송출하는 것을 기본으로 하기 때문에 촬영용 카메라가 필수다. 그 외 다른 플랫폼은 대부분 핸드폰으로 촬영하고 송출할 수 있다.), 방송 중에 채팅 창을 확인하고 채팅할 수 있는 핸드폰, LED 조명 2~3개, 인터넷 연결이 가능한 TV나 컴퓨터 모니터, 무선 마이크, 촬영용 핸드폰 거치대(짐벌), 제품 세팅을 돕는 투명 아크릴판 정도다.

혼자 진행한다면 스튜디오는 꼭 필요하지는 않다. 스튜디오를 대여하기보다 작은 공간이라도 아기자기하고 판매할 상품과 어울리는 공간을 찾는 게 좋다. 되도록 비용이 들지 않는 선에서 말이다. 단 제품 세팅에는 신경을 많이 써야 한다. 다양한 소품을 활용해 화려하게 꾸밀 필요까지는 없지만 상품의 가치가 떨어져 보일 만큼 빈약해선 안 된다.

화질 좋고 속도 빠른 핸드폰은 필수

요즘 핸드폰은 워낙 화소가 좋아 웬만한 기종이면 방송을 진행하는 데 큰 무리가 없다. 다만 경우에 따라 전면과 후면 모두 사용할 수 있으니 양쪽 다 화질이 좋은 핸드폰을 권한다. 카메라가 없다면 채팅용과 촬영용으로 두 개의 핸드폰이 필요하기 때문에 당근마켓이나 중고나라 등에서 원하는 기종을 검색해 중고 공기계를 구입하는 방법이 가장 합리적이다. 단 꼭 직거래로 사길 바란다. 선입금은 절대 금물이다.

핸드폰을 새로 구입했다면 앱이나 프로그램, 사진 등을 저장하지 말고 공기계 상태로 두길 권한다. 여러 앱이나 프로그램은 데이터를 뺏는 주범이다. 방송 진행 시 방해 요소가 될 수 있다. 핸드폰은 촬영에서 가장 강력한 무기다. 최고의 컨디션을 항상 유지해놓아야 한다.

거치대는 흔들림 방지 기능이 있는 짐벌로

핸드폰 거치대는 고정식 제품보다 다소 움직임에 강한 짐벌을 구입하길 권한다. 처음에야 고정하고 방송을 하겠지만 나중에 방송이 익숙해졌을 때 여러 동선이 생기는 것을 대비해야 한다.

고정식 거치대를 들고 다니겠다는 생각이라면 말리고 싶다. 화면의 움직임에 차이가 매우 크다. 또 소비자가 화면을 볼 때 자칫 어지러운 느낌을 받을 수 있다. 흔들림 방지 기능이 있는 짐벌이 필요한 이유다. 화면의 움직임이 매우 부드럽고 떨림이 있을 때 균형을 잡아주어 비교적 불안정한 핸드폰 촬영 시 필수 아이템이다.

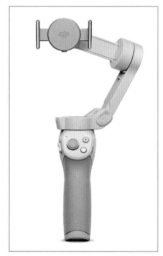

(출처: DJI)

조작법도 생각보다 매우 쉬워 유튜브 영상 몇 편만 보면 금방 숙지할 수 있다. 20만 원 정도면 좋은 스펙의 짐벌 구입이 가능하다.

2~3개의 조명이면 충분하다

보통 조명 세팅은 진행자, 제품 그리고 전체 화면에 담기는 모습 위주로 디테일하게 세팅한다. 모바일 방송의 특성상 그렇게 세밀한 조명 기술은 필요하지 않다. 첫 시작은 특히 그렇다.

기본적으로 정중앙에 하나, 양옆에 하나씩 세팅해도 충분하다. 그렇게 세팅하면 진행자나 제품 뒤로 떨어지는 그림자가 화면에 나타나지 않게 명암 조정이 가능하다.

양옆의 조명이 진행자나 상품을 너무 직접적으로 비추면 하얗게 색이 바래고 날리는 현상이 나타난다. 이 경우 벽 쪽으로 조명을 돌려 반사되는 빛을 받는 게 좋다. 다만 벽으로 조명을 쏠 경우 반사되는 빛 출력이 충분치 않아 어두워질 수 있다.

조명을 대상에 직접 비출 때는 한지와 같은 아주 얇은 종이를 조명 전체에 덧대 전체 채도를 약간 낮추는 것도 방법이다. LED 조명은 2~3개에 대략 20만 원 정도면 구입할 수 있다.

무선 마이크 강력 추천

추천하는 마이크는 두 가지 종류다. 먼저 지향성 마이크는 음향 품질이 훌륭하다. 어느 정도 트여 있는 공간, 울림이 많은 공간에서도 훌륭한 퍼포먼스를 발휘하는 아이템이다. 이 마이크의 장점은 진행자의 몸에 어떤 장치도 부착할 필요가 없어 몸의 움직임이 자유롭다는 데 있다. 방송하는 중에 머리카락이나 손가락, 옷깃이 마이크를 건드려 잡음이 들어가는 일을 미연에 방지해준다.

특히 ASMR 모드로 전환하면 음식물 씹는 소리나 찌개 끓는 소리, 고기 굽는 소리 등이 아주 맛깔나게 표현되므로 식품 방송을 많이 하는 사람이라면 이런 기능이 탑재된 마이크를 구비하면 좋다.

반면 단점은 야외 촬영 시 잡음에 약하다는 것이다. 핸드폰에 부착해 휴대용으로 들고 다닐 수 있는데 이때 마이크와 거리가 멀어질수록 수음

음질에 영향을 미친다. 또 진행자의 움직임이 많아져 정면이 아닌 측면으로 이동할 경우 수음의 크기가 약해질 수 있다.

그래서 주로 실내에서 큰 움직임 없이 방송할 때 지향성 마이크를 사용한다. 가격은 약 3만 원대다. 종류가 다양하지만 음질의 차이는 크지 않으니 아무 상품이나 구입해도 상관없다.

다음으로는 무선(Wireless) 마이크다. TV 방송 출연자가 야외나 스튜디오에서 촬영할 때 옷깃에 차는 마이크를 생각하면 된다.

무선 마이크의 장점은 수음의 질이다. 진행자의 입 가까이에서 수음하기 때문에 움직임이 있더라도 비교적 일정한 수준의 수음이 가능해 음질이 깨끗하고 전달력이 뛰어나다. 그러므로 2인 이상 진행하거나 소음이 많은 곳, 활동량이 많은 실외 방송에서는 무선 마이크를 사용하길 권한다. 특히 바닷가, 산, 농장 등 탁 트인 공간에서 방송할 때 무선 마이크는 필수다.

무선 마이크를 착용할 때는 두 가지를 기억하자. 첫째는 내가 자주 고개를 돌리는 방향에 마이크를 위치시킨다. 보통 정중앙에 오도록 하지만 2인 이상이 방송할 경우 한 명은 왼쪽, 다른 한 명은 오른쪽에서 서로를 바라보며 이야기할 때가 많다. 이때 수음에 문제가 없도록 각도를 만들어야 한다. 둘째, 마이크 위치는 보통 입에서 한 뼘 정도 거리가 적당하다.

주의해야 할 점도 있다. 방송 초보자가 자주 하는 실수로, 머리와 얼굴을 만지거나 옷깃을 만지는 습관이 있으면 마이크에 자꾸 충격을 줘 천둥과 같은 소음이 잡힐 수 있다. 이어폰을 꽂고 방송을 보는 고객이라면 귀청이 떨어져 나갈 수 있다. 마치 청진기를 귀에 꽂고 소리를 지르는 행동

지향성 마이크(좌)와 무선 마이크(우)

과 같다. 반드시 주의하자.

무선 마이크는 약 30만 원(수신기 포함) 정도에 구입 가능하다. 둘 중 하나만 구입해야 한다면 무선 마이크를 권한다. 여러 설명보다 왜 많은 방송사가 야외든 실내든 몸에 부착하는 불편을 감수하면서까지 무선 마이크를 사용하는지 생각하면 쉽다.

미러링 기능을 갖춘 가로 세로 활용 가능한 모니터

모니터는 실제 사용하고 있는 TV나 모니터를 쓰면 된다. 부득이하게 구입해야 한다면 미러링 기능이 있는 제품을 추천한다.

라이브커머스 방송은 쌍방향 소통이 제일 중요한데 HDMI 단자로 방송을 모니터링하면 실제 방송보다 10~15초 정도의 지연 현상이 발생한다. 별것 아닌 것 같지만 상품을 자세히 보여주고 채팅창에 올라오는 질문이나 반응을 실시간으로 체크하기에 다소 무리가 있다.

미러링 기능을 사용하면 딜레이가 거의 없이 송출되는 화면을 모니터

모니터링과 채팅창 확인을 위해 세로로 돌린 TV의 모습(좌)과 영상통화를 시도 중인 모습(우)

링할 수 있다. 새로 구입한다면 꼭 미러링 기능이 탑재된 모델을 고르자.

　필수품은 아니지만 구비하면 활용 만점인 장비 중 하나가 바로 세로와 가로로 회전 가능한 TV 혹은 모니터다. PPT를 보여줄 때는 가로로 넓게 사용하고 모바일 인터페이스에 맞게 사용할 때는 세로로 보면 된다. 쇼핑라이브가 네이버 스마트스토어를 기반으로 하는 걸 감안할 때 상세페이지 내용을 세로 화면으로 보여주면 더 많은 정보를 노출시킬 수 있다. 주문하는 방법, 스토어 찜하는 방법, 이벤트 참여하는 방법 등을 알려줄 때도 활용하기 좋다. 또 라이브 방송에 광고주나 제품 관련 전문가가 참여하지 못했을 경우 라이브 도중 영상통화로 연결해 이원방송 효과를 내기에도 안성맞춤이다. 동시에 방송의 재미와 신뢰도 높일 수 있다.

　위의 사진은 일반 TV를 세로로 돌려놓은 모습이다. 이 화면은 방송으로 송출되는 화면이 아니다. 진행자를 위한 장치다. 상품이 잘 나오는지 확인하는 모니터링 화면이자 왼쪽 하단에 작은 글씨로 나오는 채팅창의 내용을 잘 체크하기 위한 용도다. 꼭 TV가 아니더라도 여분의 컴퓨터 모니터, 스마트폰, 테블릿 PC 등으로 대체할 수 있으니 굳이 비싼 가격의 TV를 구입할 필요는 없다.

제품 세팅의 훌륭한 도우미, 투명 아크릴판

아크릴판은 홈쇼핑에서도 많이 사용하는 필수 소품 중 하나다. 제품 세팅 시 카메라의 각도에 맞게 기대거나 단단하게 고정할 때 사용한다. 제품의 크기에 따라 다양하게 준비하면 활용하기 좋다. 식품, 미용, 가전 등 카테고리를 가리지 않고 사용 가능한 아이템이다.

기존 홈쇼핑과 다르게 좁은 공간에 책상 하나만 있어도 방송할 수 있는 것이 라이브커머스다. 하지만 세팅에 너무 힘을 쏟지 않아 휑한 비주얼을 만들면 상품의 가치가 떨어져 보이는 역효과가 날 수 있다. 이 점을 꼭 명심해야 한다.

우선 상품을 세팅할 때는 양옆(가로)보다 위아래(세로) 공간을 효율적으로 활용해야 한다. 특히 가구의 컬러와 제품의 배열 등을 균형 있게 만드는 것이 무엇보다 중요하다. 뒷배경은 최대한 심플하게 만들고 제품을 가장 도드라지게 디스플레이해야 한다.

실제 방송했던 제품 세팅 사진을 보자. 오른쪽 페이지의 사진은 쇼핑라이브를 진행할 때 직접 세팅했던 현장의 모습이다.

먼저 왼쪽 사진을 보자. 배송하는 박스 상태, 실제 제품의 포장 상태 그리고 제품별 디자인을 한눈에 볼 수 있도록 세팅했다. 왼쪽 스탠드는 가로 폭이 너무 크지 않은 제품을 선택했다. 오른쪽 사각 큐브 형태의 스탠드는 일어설 때, 앉을 때 모두 진행이 가능하도록 2단 큐브와 4단 큐브를 구입한 뒤 상품을 하나하나 진열했다. 물론 두 개의 스탠드를 사진처럼 같이 활용할 것을 감안해 프레임의 컬러와 상판의 컬러도 맞췄다. 너무 많은 컬러가 한 화면에 보이면 제품에 대한 집중도가 흐려질 수 있으니 주의한다.

화면의 왼쪽은 제품 배송 상태에 집중하도록, 오른쪽은 제품 자체에 집중하도록 세팅했다. 해당 방송은 발렌타인 특집으로 진행한 방송이었기 때문에 배송 박스의 비누 꽃을 강조하고자 공간의 상당 부분을 배송 상태

세로로 디스플레이한 모습(좌)과 TV를 활용해 PPT로 정보를 전달하는 모습(우)

를 보여주는 데 할애했다. 보통의 방송에서는 이렇게까지 배송 상태를 강조할 필요는 없다.

이제 오른쪽 사진을 보자. 화면의 가장 오른쪽에는 세로와 가로로 회전 가능한 TV를 배치했다. 가격과 구성, 디자인 컬러, 제품 특징 등을 PPT로 깔끔하게 정리해 TV로 보여주면 방송 중간중간 카메라가 움직이면서 정보를 전달한다. 실제 방송 화면을 참고하면 어떻게 활용되는지 이해하기 쉽다. 패널을 제작해 보여주는 경우가 일반적이지만 방송할 때 여러 가지 패널을 보여주느라 우왕좌왕하는 것보다 파일로 정리해 화면으로 보여주면 더욱더 깔끔하게 정보를 전달할 수 있다.

나는 라이브커머스 진행 전문회사를 운영하고 있어 개인에 비해 스튜디오 공간은 물론 많은 장비를 갖추고 있다. 혼자 라이브커머스를 시작하려는 이들에게 이 모든 장비를 구비하라고 권하는 것은 아니다. 어떤 도구들이 언제, 어떤 용도로 쓰이는지 이해하고 한 단계 한 단계 준비하자는 의미에서 담은 내용임을 감안해서 보길 바란다.

 이런 세팅은 피하자!

아래 사진은 13만 원 상당의 헤어 관련 상품을 방송했을 때의 모습이다. 고가 제품에 속하는데, 그에 비해 제품 세팅이나 배경이 매우 밋밋하다. 제품의 가치가 잘 드러나지 않는 디스플레이의 예다.

라이브커머스의 장점이 편안하고 자연스러움이지만 그로 인해 제품의 가치가 훼손돼서는 절대 안 된다. 아무리 맛있는 음식도 어느 그릇에 담겨 있느냐에 따라 맛이 있는지 없는지가 달라 보이기 마련이다.

스마트스토어를 뛰어넘는
라이브커머스의 빅파워

스마트스토어는 손님을 기다리는 것과 같다. 책상에 앉아 검색으로 적당한 키워드를 먼저 추출한다. 그 키워드를 등록하고 사람들이 검색을 통해 내 물건에 잘 도달하게 만드는 게 관건이다. 인터넷에 내 상점을 열고 이곳에서 무엇을 파는지, 다른 상점과 차이점은 무엇인지, 키워드라는 간판으로 보여줘야 한다. 이를 통해 고객을 얼마나 많이 유입시키느냐가 중요하다.

이때 라이브커머스는 촉진제와 같은 역할을 한다. 자칫 그냥 지나치거나 존재 여부조차 모를 수 있는 스마트스토어를 접하게 하고 자연스럽게 구매로 이끈다.

이해하기 쉽게 예를 들어보겠다. 1990년대 말부터 2000년도 초반까지 길거리에서 심심찮게 볼 수 있던 장면이 있다. 바로 내레이터 모델과 춤추는 인형이다. 길거리에서 고막이 터져라 노래를 틀어놓고 춤을 추며 가게를 홍보했다. 만약 그들이 춤추고 노래하지 않았다면 그곳에 가게가 새로 오픈했다는 사실을 쉽게 인지할 수 있었을까? 그 행위의 목적은 홍보다. 새로운 가게의 오픈이나 특별 프로모션 등을 알리기 위함이다. 지나가던 사람들은 자연스럽게 한 번 더 시선을 주고 프로모션 내용을 확인한다. 그러다 조건이 마음에 들면 구입하는 것이다.

라이브커머스가 바로 그 역할을 한다. 아무도 찾지 않던 스마트스토어에 생명을 불어넣는다. 유입 인원을 폭발적으로 증가시켜 나의 스토어에 힘이 생기게 만든다. 그렇다면 이제 실제 사례를 통해 라이브커머스의 힘을 느껴보자. 내가 운영하는 회사의 자체 계정으로 라이브커머스를 진행했던 사례를 통해 방송 전후의 매출까지 자세히 알아보자.

스토어에 생명을 불어넣는 라이브커머스

2021년 2월 5일과 6일, 이틀간 한 시간씩 생방송을 진행했다.

오른쪽 페이지의 그래프 중 위쪽 그래프는 각각 5일과 6일의 마케팅 채널별 유입수를 나타낸 것이다. 여기서 초록색으로 표시된 부분이 네이버 쇼핑라이브를 통해 유입된 인원이다. 기존에는 네이버 검색, 네이버페이 등을 통해 유입되었다면 5일에는 총 5,600명 중 5,000여 명이 쇼핑라이브를 통해 유입되었다. 기존 채널을 통해 유입된 인원을 모두 더해도 600명 정도밖에 되지 않았던 것에 비하면 기하급수적으로 늘어났다. 이 비율은 다음날까지 이어졌다. 방송 종료 후에도 녹화된 영상을 보고 인원이 꾸준히 유입된 것이다.

게다가 아래쪽 그래프를 보면 쇼핑라이브를 통해 유입된 고객의 결제율이 20%에 달한다. 다른 채널이 2% 이하인 것을 감안하면 10배가 넘는 수치다.

방송 한 번의 파급력이 얼마나 큰지 알 수 있는 사례다. 이런 식으로 방송하는 상품마다 고객이 복리처럼 쌓이면 스마트스토어만으로 제품을 판매했을 때보다 훨씬 많은 매출을 만들어낼 수 있다.

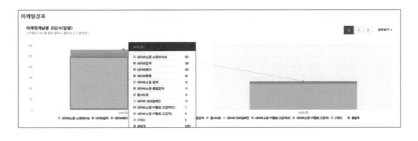

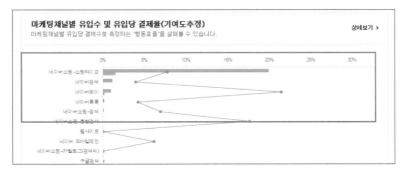

고객을 혹하게 만드는 가격 설정의 비밀

라이브커머스가 사람들을 유입시키는 강력한 툴이라면 이에 맞는 프로모션이 적용되어야 한다. 아래의 예시를 살펴보자.

광고 모델이었던 유명 트로트 가수의 이름을 붙여 '○○○ 마스크'라고 홍보했던 방송 상품의 정상가는 3만 5,000원(50매)이다. 정상가는 브랜드 자체 몰에서 판매하는 기준 가격으로, 상품이 출시되었을 때의 최초 판매가다.

하지만 모든 상품은 시간이 지나면 구매 가격이 낮아진다. 판매자는 이를 마케팅 방법으로 이용한다. 최초 판매가는 3만 5,000원이고 낮아진 가격이 1만 8,500원이다. 이럴 경우 해당 제품을 구입하기 위해 검색하면 대개 가격이 1만 8,500원에 형성되어 있다. 앞서 말했듯 최초에 설정된 금액은 '정상가'라고 하며, 현재 거래되는 실제 가격은 '노출가' 혹은 '상시 노출가'라고 부른다.

그렇다면 라이브커머스에서 설정하는 가격은? '라이브 특가'다. 라이브 방송을 진행하는 시간이나 그날, 즉 일정 시간 동안 상시 노출가보다 저렴한 가격으로 방송을 진행한다. 프로모션을 적용해 마케팅하는 것이다. 그래야 유입된 인원이 구매를 나중으로 미루지 않고 바로 구매할 확률이 높기 때문이다. 또 한 번 구매한 고객은 같은 곳에서 구매할 확률도 높다. 따라서 잠재 고객을 끌어들이는 효과도 기대할 수 있다.

이렇게 실제 판매가 1만 8,500원에서 라이브 특가를 적용해 1만 5,000원으로 방송을 진행했다. 게다가 구매하는 고객에게는 손 소독제를 증정하고, 방송에 참여한 고객에게는 추첨을 통해 광고 모델의 정규 앨범을 선물했다. 당연히 반응이 좋고 구매율이 높아질 수밖에 없다. 해당 방송의 총매출액은 1,700만 원이다. 한 시간 방송 치고 기대 이상의 매출액이다. 이처럼 가격 조건을 유동적으로 운영하면 고객을 유입할 수 있는 좋은 도구가 된다.

단 두 가지를 염두에 두어야 한다. 첫째, 기존 판매가 대비 저렴한 금액에 이벤트와 프로모션까지 진행하다 보면 마진폭이 줄어든다는 사실이다. 둘째, 높은 할인율을 내세우기 위해 과도한 정상가나 노출가를 설정하지 않아야 한다. 요즘 고객은 스마트 컨슈머다. 제품에 대한 가격 정보가 아주 정확하다. 절대로 눈속임을 해선 안 된다. 오늘 구매하지 않는 고객이 내일 구매할 수는 있지만 한 번 실망하고 떠난 고객은 두 번 다시 돌아오지 않는다. 절대 소탐대실하지 않도록 하자.

시간대별 확연한 매출의 차이

이제 매출이 어떻게 변했는지를 보겠다. 불특정 다수에게 상품이 노출되고 유입된 인원에게 특별한 혜택을 준다면 매출은 얼마나 차이가 날까?

이 마스크는 내가 운영하는 핫템라이브 채널에 입점한 지 이틀 만에 방송한 제품이다. 공급자 측에서 급하게 요청했기 때문이다. 이를 말하는 이유는 이 상품이 오래 전부터 입점해서 키워드 노출을 통해 꾸준히 팔렸던 제품이 아니라는 것을 알려주기 위해서다.

상품을 입점시킨다고 매출이 자동으로 일어나지는 않는다. 해당 카테고리에서 최대한 상위 노출이 될 수 있는 키워드를 분석하고 추출하는 작업을 거쳐야 한다. 하지만 시간 관계상 상품을 등록하고 바로 방송을 진행해야 하는 상황이었다. 그런 만큼 라이브커머스의 힘을 여실히 보여준 사례라고 할 수 있다. 누적 결제 금액을 보여주는 오른쪽 페이지의 두 그래프를 통해 매출 추이를 자세히 살펴보자.

이미지 캡처를 이틀 뒤에 했기 때문에 '오늘' 데이터를 보여주는 주황색 선이 아닌 '2월 5일'(방송 당일) 데이터의 파란색 선을 참고하자. 방송이 시작되기 전 11시대 매출은 41만 원 정도다.

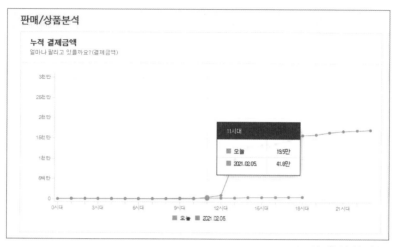

2021년 2월 5일 방송 시작 전

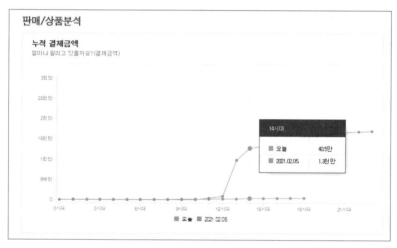

2021년 2월 5일 방송 피크

　그런데 오후 1시 방송 시작과 동시에 그래프(누적 결제 금액)는 급격하게 상승했다. 한창 방송이 진행되던 오후 2시에는 1,300만 원까지 매출이 치솟았다. 방송 전 41만 원보다 약 32배 상승했다. 3,200%의 상승률이

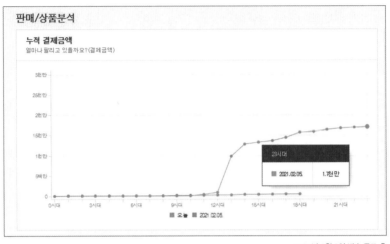

판매/상품분석

누적 결제금액
얼마나 팔리고 있을까요?(결제금액)

23시대
　2021.02.05.　1.7천만

오늘　2021.02.05.

2021년 2월 5일 방송 종료 후

다. 이게 라이브커머스의 효과다. 폭발적인 유입 인원을 바로 매출로 이어지게 만드는 힘이다.

그뿐만이 아니다. 약 32배 뛴 매출은 완만한 상승선을 유지하며 방송이 끝난 지 10시간이 지난 밤 11시대에 최종적으로 1,700만 원의 매출을 달성했다. 방송 종료 후에도 약 400만 원의 초과 매출을 달성한 것이다.

자동 저장된 라이브커머스 영상을 통해 유입된 인원이 방송 피크 때 유입된 인원의 1/3수준에 달했다. 이게 무슨 의미일까? 방송이 끝나면 매출이 멈추는 시스템이 아니라 꾸준히 시청자가 유입되고 매출이 발생한다는 뜻이다.

만약 쇼핑라이브로 방송하지 않았다면 어떻게 됐을까? 아무리 키워드를 잘 추출하고 랭크를 끌어올린다 해도 다른 마스크와 경쟁하며 이런 결과를 낼 수 있었을까? 결과를 단정할 순 없지만 한 가지는 확실하다. 방

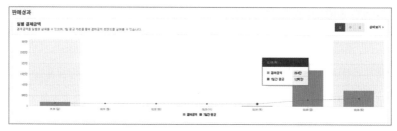

2021년 2월 4일 목요일 매출

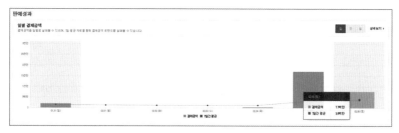

2021년 2월 6일 토요일 매출

송 시작과 동시에 순간적으로 매출이 폭발했다는 사실이다.

그렇다면 방송 전 매출은 어땠을까? 마스크는 방송 이틀 전인 2월 3일에 입점했다. 스마트스토어의 제품 리스트를 재정비하는 기간이었기 때문에 판매에 신경 쓰지 않아 목요일 매출은 약 30만 원이었다.

하지만 방송 당일 매출은 큰 폭으로 상승했고 7일간 평균 매출도 늘었다. 그리고 다음 날인 2월 6일 역시 같은 마스크를 같은 조건으로 방송했다. 그런데 매출이 770만 원 수준으로 전날보다 반 토막 아래로 떨어졌다. 어찌 보면 당연한 결과다. 지속적으로 노출한다고 항상 같은 결과를 얻을 수는 없다. 당연히 구매율은 점차 줄어든다. 사실 이렇게 매출이 감소한 데는 또 다른 이유가 있다. 바로 다음에 나올 이야기다.

진행자 선정이 중요한 이유

라이브커머스는 누군가가 진행해야 한다. 그렇다면 진행자 선정은 매출에 어떤 영향을 미칠까? 같은 상품을 하루 차이로 방송했는데 2월 5일은 1,700만 원, 2월 6일은 770만 원의 매출이 나왔다. 당연히 지속적인 노출의 피로도로 인한 매출 감소도 한몫했지만, 가장 큰 이유는 바로 진행자 차이였다.

이 방송을 기획하면서 많은 부담을 느꼈다. 그 이유는 첫째로 마스크를 한 번도 다뤄보지 않았기 때문이다. 둘째는 회사 리모델링으로 약 한 달간 라이브커머스 방송을 진행하지 않았다. 그래서 셀럽을 활용하는 방법을 기획했다.

해당 마스크의 광고 모델은 트로트 가수다. 여기저기 수소문한 끝에 트로트 가수를 소재로 콘텐츠를 올리는 유튜버 쓰리랑 님을 섭외했다. 그녀를 섭외하자마자 바로 홍보를 요청했다. 그러자 트로트 가수의 팬덤 효과로 엄청나게 많은 유입자가 생겼다. 더 반가운 건 유입된 시청자 대부분이 실구매자였다는 사실이다. 덕분에 매출이 급격히 늘었다.

팬덤에 힘입어 활발한 소통이 이루어져 방송 당시 분위기도 좋았다. 분위기 조성이 쉬워 부드럽고 활기차게 방송이 진행됐다. 방송의 퀄리티도 유입자 수도 실제 매출도 모두 만족스러웠다. 기획은 성공적이었다.

그럼 다음날 방송은 진행자 섭외에 실패한 걸까? 그렇게 생각하지 않는다. 그다음 날 진행자 역시 쇼호스트 출신의 베테랑이다. 다시 생각해보면 한 장에 300원 정도 하는 마스크를 770만 원어치 팔았다면 충분한 역할을 한 게 아닐까?

결론적으로 둘째 날 방송도 잘 됐지만 첫째 날 방송이 더 좋았을 뿐이다. 이틀간 약 2시간 생방송으로 2,500만 원의 매출이 일어났다. 한 장당 300원 정도로 가격을 책정한다면 약 8만 5,000개를 판매한 셈이다. 결코 적은 수치가 아니다.

라이브커머스로 매출이 10배 뛴 식품회사

다양한 식품을 판매하는 한 회사의 방송을 몇 달간 꾸준히 운영한 적이 있다. 시장의 변화에 비교적 발 빠르게 움직이는 회사로, 라이브커머스 시장에 비교적 전투적으로 임했다. 처음 방송할 때 매출이 크지 않았으나 나는 개의치 않고 지속적으로 도전했다. 매번 상품을 바꾸고, 이벤트 내용을 바꾸며 소비자 반응과 니즈를 파악했다.

방송 요일과 시간대를 유동적으로 바꿔가며 자체적으로 테스트도 했다. 각 요일과 시간대별로 유입 인원과 성별, 나이, 소비력, 매출액 등을 파악하며 서서히 상품에 적합한 시간을 찾았다. 최고의 효율을 위해서 말이다.

홈쇼핑을 하는 사람은 어느 시간대에 어떤 제품이 잘 판매되는지, 어떤 요일 혹은 특정 휴일에 어떤 상품이 잘 판매되는지 잘 안다. 한국 소비자의 패턴에 대해 누구보다 정확히 알고 있는 곳이 홈쇼핑이다. 그러나 그 플랫폼이 모바일로 이동하면서 사정이 달라졌다. 홈쇼핑도 모바일 방송을 하지만 기존에 확보해둔 데이터 기반으로 방송을 운영하자 기대에 못 미치는 결과를 초래했다.

라이브커머스는 소비자의 접근 방식과 나이대, 문화가 완전히 다른 시장이다. 그래서 라이브커머스를 운영하려는 회사는 몇 번에 그치지 말고 꾸준히 시도해야 한다. 그래야 회사의 제품에 맞는 고객층이 언제 많이 유입되는지 파악할 수 있다. 조금 무식한 방법일 수 있지만 현재로서는 방법이 그것뿐이다. 새로운 시장에선 새로운 데이터를 수집해야 살아남을 수 있다. 회사는 이에 대한 예산을 잘 수립해야 한다.

결과적으로 이 회사의 매출액은 2020년 중반 몇백만 원대에서 2021년을 기점으로 몇천만 원 수준으로 늘었다. 자세한 금액은 회사의 기밀사항이므로 노출할 수 없다. 여기서 중요한 건 매출의 증가가 아니라 아직 도입기인 시장을 선점하기 위해서는 과감한 시도가 필요하다는 것이다. 시장이 성숙기에 접어들면 이 회사의 매출액은 얼마까지 늘어날까? 그리고 그 혜택은 우리도 얻을 수 있지 않을까?

CHAPTER 5

카카오쇼핑라이브
도전하기

내 손 안의
작은 홈쇼핑

카카오는 현재 라이브커머스 시장에서 '작은 홈쇼핑'이라 불린다. 네이버는 자체 제작은 최대한 지양하고 제조사나 대행사를 통해 장소에 상관없이 직접 방송을 진행하는 방안을 제시하고 있다. 하지만 카카오쇼핑라이브의 경우 정해진 스튜디오에서 직접 고용한 직원들이 모든 제작을 맡는다. 구성원은 주로 기존 홈쇼핑 출신으로 많이 포진되어 있다. 진행자는 쇼호스트보다 셀럽과 인플루언서 중심으로 섭외한다. 물론 섭외도 카카오가 직접 한다.

카카오는 물건을 입점하고 자체적으로 방송한다는 측면에서 홈쇼핑과 큰 차이가 없다. 하지만 진행 방식과 진행자, 연출은 현재 라이브커머스 시장에 맞춰 형태에 변화를 줬다.

　자체 운영을 하다 보니 수수료율이 약간 높다는 단점이 있다. 반면 제대로 된 장비를 활용해 촬영하기 때문에 옷의 색감이나 음식의 빛깔 등이 다른 플랫폼보다 더욱 선명하게 나온다. 방송 화면의 분할이나 앵글의 이동, 다양한 각도 연출이 분명한 점도 장점이다.

카카오커머스의 서비스 종류

카카오커머스를 검색해 기업 사이트에 접속해보자. 카카오도 라이브커머스 이외에 다양한 루트의 판매 및 홍보 채널이 있다. 단순히 라이브커머스 채널만 보고 입점을 결정해선 안 된다.

　항상 느끼는 부분이지만, 카카오는 모든 분야에서 자신의 컬러와 개성을 보여준다. 명확한 아이덴티티를 구축한 기업이다. 타이틀 페이지만 봐도 카카오라고 짐작할 수 있으니 말이다. 많은 사람이 이용하고 누구나 가고 싶어 하는 기업엔 다 이유가 있다.

카카오쇼핑 라이브를 시작하기 전에 먼저 카카오커머스를 통해 제공받을 수 있는 서비스를 알아보자. 뒤에 나오는 사진의 4가지 플랫폼을 이용하다 보면 내 상품과 타깃이 맞는 고객을 찾을 수 있다. 특별히 많은 금액을 지불해야 하는 스토어들이 아니니 꼭 함께 알아두자.

향후 카카오가 보유한 다양한 쇼핑 채널이 라이브커머스와 어떤 식으로 결합되거나 통합될지 모를 일이다. 따라서 한 회사에서 운영하는 모든 플랫폼에 대해 관심을 갖고 어떻게 변화할지 상상해보는 노력이 필요하다. 내가 취급하는 상품도 입점해 판매할 수 있으므로 카카오가 제공하는 모든 플랫폼에 관심을 갖자.

카카오톡 선물하기

나도 자주 이용하는 기능이다. 카카오톡을 실행하면 친구 목록에 항상 그날그날의 생일자가 상위에 표시된다. 자연스럽게 상대방의 생일을 알게 되니 그동안 마음을 표현하지 못한 친구에게 따뜻한 커피 쿠폰을 보내는 게 일상이 됐다.

선물의 종류도 점점 다양해지고 있다. 처음에는 상품권 쿠폰 정도였지만 이제는 제철 과일, 한우, 떡, 과자세트, 건강기능식품 등 다양한 상품들이 가득하다.

카카오톡 쇼핑하기

카카오가 제공하는 특별한 플랫폼 중 하나다. 2인 이상 공동구매와 고객 맞춤 할인 혜택을 제공하는 플랫폼이다. 카톡 친구가 구매한 후 만족해한 상품의 리뷰를 검색할 수 있으며, 내가 관심 있는 스토어 구독을 통해 신상 소식도 받을 수 있다. 네이버 스마트스토어의 찜하기 기능과 비슷하다.

아직 대중적이지는 않지만 선물하기 기능처럼 어느새 우리 생활 속으로 스며들 것 같은 채널이다. 상품을 검색하고 미리 평가를 보고 가격 혜택을 받고 관심 분야의 지속적인 정보를 업데이트 받을 수 있는 편리한 플랫폼이기 때문이다.

카카오 스타일

요즘은 인공지능과 빅데이터 시대다. 카카오 역시 시대의 흐름을 따르고 있다. 내가 관심 갖는 상품을 파악한 뒤 카카오톡 로그인 시 내게 맞는 상품과 매장을 안내한다. 요즘 인기 있는 핫아이템은 물론 세일 상품에 대한 정보까지 한눈에 볼 수 있어 자연스러운 쇼핑 연계가 가능하다.

쇼핑하우

이 플랫폼의 장점은 쇼핑 검색 기능이다. 제품 하나를 검색하면 최저가, 관련 브랜드, 상품평 등을 일목요연하게 볼 수 있다. 가격 변동이 있는 제품의 경우 언제가 구입 적기인지 쇼핑 타이밍도 알려준다. 1,000원이라도 아끼려는 모바일 쇼퍼에게 매력적인 기능이다.

위에서 소개한 플랫폼은 사실 현재 라이브커머스와 큰 관계가 없다. 하지만 우리의 최종 목표는 제품 판매다. 제품을 파는 플랫폼을 많이 알면 알수록 성공의 지름길이 보인다. 그리고 언젠가 저 모든 플랫폼과 라이브

커머스가 융합해 소비자가 합리적이고 편하게 쇼핑할 수 있는 구조도 만들어질 것이다.

이는 최근 '카카오 for 비즈니스'라는 사이트를 개설해 이커머스와 관련된 서비스를 통합해서 관리하려는 움직임을 통해 알 수 있다. 이후 어떻게 변화할지 행보를 지켜보자.

카카오커머스
입점의 첫 단계

카카오커머스 서비스 중에서 쇼핑하우는 카카오톡은 물론 다음(Daum),
네이트(Nate)를 방문하는 이용자들도 잠재 고객으로 확보할 수 있다는
장점이 있다. 게다가 가입부터 카테고리 설정, 상품 등록, 판매까지 스스
로 해야 하는 네이버 스마트스토어와 달리 쇼핑하우는 '입점안내' 페이지
에서 입점 신청만 하면 끝이다. 쇼핑하우 담당자가 내용을 검토한 후 입
점 가능한 경우 계약을 체결하는 시스템이므로 내가 할 일은 입점 신청만
하면 된다.

쇼핑하우 입점을 위한
다음 비즈니스 회원가입하기

쇼핑하우 입점 신청을 하기 위해서는 먼저 다음(Daum) 비즈니스 회원에 가입해야 한다. 앞서 말했듯 카카오커머스를 제대로 활용하려면 카카오커머스의 모든 서비스를 체험해보고 플랫폼 이해도를 높이려는 노력이 필요하다. 그 첫 단계가 바로 다음 비즈니스 회원가입이다.

① 검색 사이트에서 '카카오커머스'(kakaocommerce.com)를 검색해 접속한 뒤 [쇼핑하우] 버튼을 클릭한다.

② 쇼핑하우 서비스 소개 화면의 가장 하단에 있는 [쇼핑하우 입점 신청하기] 버튼을 클릭한다.

③ 쇼핑하우 입점 안내 페이지가 나오면 다시 [쇼핑하우 입점 신청하기] 버튼을 클릭한다.

④ 쇼핑하우에 입점하려면 다음 비즈니스 회원가입은 필수다. [Daum 비즈니스 회원가입] 버튼을 클릭한다.

⑤ 약관 내용을 확인하고, [서비스 이용약관에 동의합니다]와 [개인정보 수집·이용에 동의합니다]에 체크한 후 [다음단계로] 버튼을 클릭한다.

⑥ 구분에서 [사업자]에 체크하고, 회사명과 사업자등록번호를 입력한 후 [다음단계로] 버튼을 클릭한다.

사업자나 개인 모두 가입 가능하다. 그러나 사업을 오래 지속할 생각이라면 사업자로 가입하길 권한다.

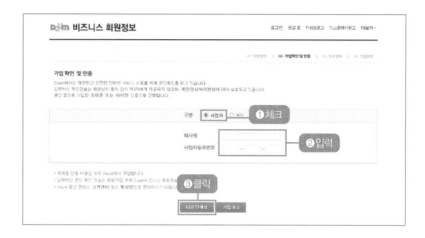

⑦ 사업자 인증이 완료되면 그 밑에 [휴대폰 인증]란이 생긴다. 휴대폰 번호와 인증번호를 입력한 후 본인 인증이 끝나면 [다음단계로] 버튼을 클릭한다.

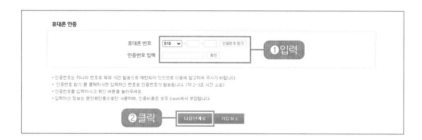

⑧ 기본 정보에 나오는 인적사항에 개인정보를 입력한다. 빨간색으로 표시(*)된 부분은 필수 입력란이므로 꼭 입력한다.

⑨ 세금계산서정보 항목의 [대표자명], [업태], [종목], [사업장 주소]를 정확히 입력한 후 [다음단계로] 버튼을 클릭한다.
사업자등록증과 정보가 다르지 않도록 유의한다. 이것으로 다음 비즈니스 회원가입이 끝난다.

쇼핑하우의 다양한 광고 시스템

다음 비즈니스 회원가입을 완료하면 카카오에서 제공하는 광고 정보 페이지가 나타난다. 사실 이 단계부터가 진짜 쇼핑하우 입점 신청에 해당한다. 먼저 광고 시스템의 종류를 보여주고 선택한 광고 종류에 따라 입점 신청 과정이 진행된다. 팁을 주자면 광고 서비스 중 기본으로 선택하는 것은 키워드 광고다.

하지만 입점을 하지 않더라도 카카오쇼핑라이브를 진행하는 데 아무 문제가 없다. 카카오커머스는 카카오쇼핑라이브의 모든 진행을 직접 하기 때문에 입점하지 않은 기업도 광고주로서 카카오쇼핑라이브를 요청할 수 있다. 카카오는 입점하는 '스토어' 개념보다 '광고주' 개념을 적용하므로 TV나 홈쇼핑처럼 라이브커머스 광고를 진행할 수 있는 것이다.

따라서 다양한 광고 시스템을 통한 입점 과정을 하나하나 소개하는 대신 가장 많이 진행하는 키워드 광고를 중심으로 카카오커머스의 광고 시스템을 간단히 알려주고자 한다.

쇼핑 플랫폼을 이용할 때 중요한 부분은 바로 수수료다. 계산을 잘못할 경우 앞에선 남지만 뒤에서 손해를 보는 역마진 구조가 만들어질 수 있기 때문이다. 즉 물건을 많이 팔아도 적자가 되는 것이다. 제품을 팔 때마다 수수료가 어떻게 부과되는지 카카오커머스의 쇼핑하우 입점 유형을 통해 자세히 알아보자. 단 라이브커머스 수수료는 별개임을 잊어선 안 된다.

CPC 입점

별도의 입점비 없이 무료로 이용 가능한 입점 방식이다. 단 CPC(Cost Per Click, 클릭당 과금) 입점은 고객이 상품을 구매하려고 클릭해 입점사의 사이트로 이동할 때마다 수수료가 부과된다. 네이버 파워링크와 비슷한 개념이다. 제품의 가격에 따라 클릭 시 과금되는 수수료가 다르다.

· CPC 수수료	판매상품 가격	CPC 수수료
	1만원 이하	20원
	2만원 이하	35원
	3만원 이하	40원
	4만원 이하	45원
	5만원 이하	50원
	7만원 이하	55원
	10만원 이하	60원
	15만원 이하	65원
	15만원 초과	70원
	쇼핑몰명 (상품없이 쇼핑몰명만 노출되는 경우)	30원

CPS 입점

CPS(Cost Per Sale, 판매당 과금) 방법은 쉽게 말해, 판매가 확정된 제품에 대해서만 2~3%의 수수료를 부과하는 방식이다. CPC가 제품의 판매 여부와 상관없이 클릭할 때마다 수수료를 지불한다면, CPS는 확정 수익에 대해서만 수수료를 지불한다. 그래서 CPC는 낮은 금액의 수수료가 일괄 적용되지만,

입점유형	대상업체	CPS 수수료	입점비	거래 수수료
프리미엄 CPS	상품 DB 30만개 이상 대카테고리 5개이상	상품 DB 및 기획전 배너 노출 퀵링크 및 기타 쇼핑하우 내부 인벤토리	2,000만원 / 월	2%
전문 프리미엄 CPS	상품 DB 30만개 이하 대카테고리 5개이상	상품 DB 및 기획전 배너 노출 퀵링크 및 기타 쇼핑하우 내부 인벤토리	1,000만원 / 월	2%
전문 CPS	일부 카테고리만 취급	상품 DB 및 기획전 배너 노출 퀵링크 및 기타 쇼핑하우 내부 인벤토리	400만원 / 월 200만원 / 월	2% 3%
도서 CPS	도서만 취급	도서 서비스 입점	없음	3%
공연 CPS	티켓만 취급	티켓 서비스 입점	없음	1%
면세 CPS	면세점 취급	면세 카테고리 입점	500만원 / 월	없음

CPS는 그보다 수수료가 높다. 하지만 CPC의 경우 클릭만 많고 제품 구매가 이루어지지 않으면 마이너스 매출이 지속될 수 있다. 판매할 제품의 특성에 따라 입점 유형을 신중히 결정해야 하는 이유다.

CPS는 CPC와 달리 입점비를 지불해야 한다. 문제는 입점비 금액이 처음 비즈니스를 시작하는 소상공인에겐 다소 높은 편이다. 그래서 이 입점 방식은 판매 상품 수가 최소 5,000개 이상 되는 중대형 브랜드에 적합하다.

광고 전용 입점

썸네일 광고만 진행할 때 적합한 입점 방식이다. 별도의 입점비가 없다. 처음 시작할 경우 이 서비스만 이용하는 것도 좋지만, 어느 시점이 되면 제품에 맞는 마케팅이 수반되어야 한다는 사실을 명심하자.

카카오쇼핑라이브의
장점과 한계

카카오쇼핑라이브는 네이버 쇼핑라이브와 다른 느낌의 레이아웃을 가지고 있다. 가장 큰 차이점은 카카오의 좌우 화면 비율이 네이버보다 더 넓다. 네이버보다 화면 퀄리티도 훨씬 더 좋다. 상품도 보다 정교하게 보여준다. 이는 촬영하는 장비 자체가 다르기 때문이다. 4K 이상의 화질을 구현하는 전문 카메라와 작은 렌즈의 핸드폰 카메라는 차이가 있을 수밖에 없다. 그러니 화질과 송출의 매끄러움 측면에서도 카카오가 더 우수하다.

제품 구성에 대한 설명도 카카오쇼핑 라이브가 한눈에 보기 쉽다. 영상 구현 방식과 제품 설명 방식도 기존 홈쇼핑과 매우 흡사한 느낌이다.

이렇게 보면 카카오 플랫폼이 더 좋다는 생각이 들 수 있다. 현재 시장

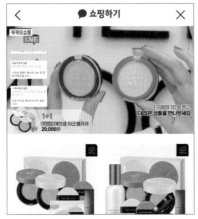
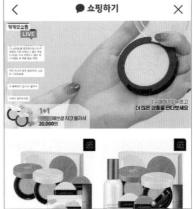

에는 두 가지 의견이 있다. 잘 갖추고 다듬어진 방식의 카카오가 좋다는 의견과 기존 틀에서 벗어난 네이버 방식이 좋다는 의견이다.

네이버의 치명적 단점은 역시 화질과 송출 상태, 제품 정보 제공의 한계다. 하지만 때와 장소를 가리지 않는, 그야말로 라이브커머스만의 생생함이 네이버 플랫폼의 장점이다. 앞으로 추구하는 라이브커머스의 형태는 조금 더 친숙하고 자연스러우며 자유분방한 형식이 맞지 않을까.

카카오쇼핑라이브 진행 방법

그런데 이쯤 되면 한 가지 의구심을 가져야 한다. 아직 카카오쇼핑라이브를 진행하는 방식을 구체적으로 설명하지 않았다. 그저 카카오 플랫폼 입점 방법과 광고 방식 그리고 방송 화면을 보여준 게 전부다.

지금부터 그 이유를 설명하겠다. 카카오는 네이버와 다르게 선택적인 방송 운영을 한다. 위에서 언급했듯 내부 스태프가 자체 스튜디오 공간에서 방송을 진행하다 보니 불특정 다수가 동시에 방송하는 것은 시간적으로나 물리적으로나 불가능하다. 그래서 카카오쇼핑라이브를 하고 싶다면 그들의 공식 메일(live@kakaocommerce.com)을 통해 제품을 제안해야 한다. 네이버처럼 파워 등급 이상의 스마트스토어만 보유하고 있으면 방송이 가능한 구조가 아니다. 방송을 요청하면 각 카테고리의 MD(상품기획자)들이 내부 검토를 진행해 방송할 제품을 선택한다. 여기에서 승인을 받아야 방송할 기회가 주어진다.

이런 방식으로 운영하기 때문에 영상의 퀄리티는 높지만 양적인 측면에서 네이버보다 생산성이 떨어진다. 이는 카카오쇼핑라이브의 가장 큰 문제인 높은 진입장벽의 원인이 되고 있다. 진행 가능한 방송 수가 적기 때문에 다른 인지도 높은 브랜드 상품과 경쟁하며 내 상품이 MD에게 선택될 때까지 기다려야 하기 때문이다. 그래서 개인사업자나 소상공인이 진입하기에는 조금 어려울 수 있다.

하지만 네이버와 마찬가지로 카카오를 사용하지 않는 대한민국 국민이 얼마나 될까? 사실 사용 빈도를 따진다면 네이버보다 카카오에 접속해 있는 시간이 더 많을 것이다. 앞으로 잠재 고객의 수요가 더욱 커질 수 있다는 점에서 카카오쇼핑라이브를 눈여겨볼 필요가 있다. 카카오가 다수에게 스트리밍 서버를 오픈하는 운영을 할지는 모르겠으나 현재 네이버와 카카오의 운영 방식에 차이가 크니 자신에게 맞는 플랫폼을 선택하길 바란다.

카카오쇼핑라이브의 미래

확실히 질에 대한 우수성은 카카오가 앞설 수밖에 없다. 전문 인력으로 구성된 인원이 전문 장비를 갖고 방송하기 때문이다.

앞서 네이버에는 기획전과 챌린지라는 두 가지 종류의 방송이 있다고 언급했다. 네이버에서 쇼핑라이브를 진행하는 업체는 기획전에 들어가기 위해 부단히 노력한다. 매출을 떠나 기획전 참여만으로도 회사와 상품이 인정받는 것이기 때문이다. 물론 방송의 퀄리티도 챌린지 방송보다 높다. 네이버의 지원으로 다양한 마케팅과 상품 노출을 시도해 방송 유입 인원도 대폭 늘릴 수 있다.

카카오 이야기를 하다 갑자기 네이버를 이야기하는 이유는 카카오쇼핑라이브가 네이버의 기획전과 유사하기 때문이다. 모든 것을 기획하고 섭외한 뒤 촬영한다. 진행자도 카카오에서 직접 섭외한다. 이때 판매에 너무 열을 올리는 진행자보다 차분하고 자연스럽게 진행하는 사람을 섭외하는 편이다. 카카오는 라이브커머스의 역할을 단순 판매가 아닌 하나의 고급 콘텐츠로 유지하려는 의도가 느껴진다.

그럼에도 앞으로 카카오는 더 많은 자유 채널을 운영하지 않을까 싶다. 한정된 인원으로 한정된 라이브커머스만 진행한다면 분명 라이브커머스 시장에도, 카카오에도, 수많은 제조사와 판매사에도 좋을 게 없다. 탄탄한 고퀄리티의 방송을 어느 정도 완성한 뒤 카카오만의 개성과 플랫폼을 살린 또 다른 방식의 자유 방송 플랫폼을 만들지 않을까?

CHAPTER 6

쿠팡라이브
도전하기

크리에이터도 벤더도
될 수 있다

쿠팡에서 라이브커머스를 하려면 두 가지 중 하나를 선택해야 한다. 방송을 진행하는 크리에이터 역할을 할지, 판매할 제품을 보유한 셀러(벤더)로 활동할지 말이다. 나에게 판매할 상품이 있다면 두 가지 역할을 다 하면된다. 물론 내 상품을 내가 직접 방송하는 플랫폼 형태는 아니다.

2021년 1월 14일 쿠팡은 첫 베타 서버를 오픈해 실시간으로 방송을 진행했다. 쿠팡은 크리에이터에게 상품 리스트를 발송하고, 크리에이터가 원하는 시간을 선택하면 임의로 선출해 진행을 맡겼다. 즉 내 상품을 쿠팡에 입점하고, 입점한 상품의 판매 방송은 쿠팡에 등록된 크리에이터가 대리하는 방식이다. 네이버는 상품 주인인 회사의 CEO, 직원, 외부 인원

등 누구나 언제든 방송할 수 있는 플랫폼이지만 쿠팡은 방송 편성을 직접 관리한다. 카카오보다 오픈된 형태지만 네이버보다는 폐쇄적인, 중간 정도의 위치에 있다. 물론 이는 초기 시장 진입을 위한 조심스러운 행보라고 생각한다.

자체 크리에이터를 모집하는 쿠팡은 판매 금액의 일정 부분을 크리에이터에게 준다. 네이버에서 방송을 진행한 크리에이터 혹은 쇼호스트의 80~90%는 확정 수익인 회당 페이를 지급받는다. 그러나 쿠팡은 수백 명의 크리에이터가 등록되어 있어 금액을 일일이 따로 책정하고 관리하는 게 힘들다. 가장 간단한 방법이 수수료다. 2021년 1월 현재 크리에이터에게 지불하는 금액은 판매 금액의 5% 수준이다. 그렇기 때문에 쿠팡라이브의 크리에이터에게 판매 금액은 매우 중요하다.

상품의 주인인 셀러가 자신의 상품을 직접 방송하는 시스템은 아직 준비되어 있지 않다. 나처럼 쇼호스트이자 상품을 보유한 판매자라면 셀러로 쿠팡에 등록하고 따로 크리에이터로도 등록해야 한다. 즉 내가 다른 회사의 상품을 방송하면서 누군가 내 상품을 방송할 때까지 기다려야 하는 시스템이다. 아마 추후에는 셀러가 직접 자신의 상품을 소개할 수 있는 오픈 플랫폼이 개발되지 않을까 추측한다.

그때도 스스로 방송에 소질이 없다고 생각하거나 자신이 없다면 쿠팡 소속 크리에이터에게 방송을 요청할 수 있다. 하지만 추가 수수료가 발생하므로 셀러로 등록해서 직접 방송해야 수익을 극대화할 수 있다. 따라서 방송을 잘하는 셀러가 되기 위해 노력해야 한다.

사실 가입을 따로 할 뿐이지 방송을 진행한다는 측면에선 큰 차이가 없다. 쉽게 말해 기존 쿠팡에 입점한 회사나 신규 입점 회사는 셀러로 가입해 자체 방송을 진행하면 된다. 그리고 크리에이터는 상품은 없지만 대리 방송으로 판매 금액에 대한 수수료를 받는 구조다. 단 크리에이터는 사업적인 측면보다 방송에 집중하고 진행만 담당하는 게 다른 플랫폼과 가장 큰 차이점이다.

'로켓'이라는 확실한 아이덴티티를 구축한 쿠팡

그야말로 유통의 혁신, 물류의 전성시대를 만든 기업이 쿠팡이다. 대표적 사례가 로켓배송이 아닌가 싶다. 배송·물류 분야에선 타의 추종을 불허하는 시스템을 갖추고 있다. '빨리빨리' 소리가 입에 밴 대한민국 소비자에게 이 부분이 크게 작용한 듯하다. 나도 혼자 생활하며 전날 주문한 물과 달걀, 우유를 그다음 날 배송받는 게 일상이 됐다. 이 시스템이 없다면 최소 2주에 한 번씩 장을 보기 위해 내 시간을 할애해야 한다. 하지만 한번 편해진 몸을 다시 움직이는 건 여간 쉬운 일이 아니다.

'마음이 급한 사람은 쿠팡에서, 저렴한 가격에 사고 싶은 사람은 네이버에서'라는 슬로건이 소비자 사이에서 유행했었다. 소비자는 합리적인 가격도 중요하지만 빠른 배송에도 예민하다. 이런 측면에서 쿠팡은 자신만의 확실한 아이덴티티를 구축했다.

분명 크리에이터에게 기회는 온다

라이브커머스 시장에서 쿠팡의 단점은 무엇일까? 일단 크리에이터(진행자) 입장에서 보면 쿠팡에서의 성장은 쉬운 일이 아니다. 인스타그램의 구조를 한번 생각해보자.

인스타그램에서는 나의 고유 계정을 만들어 '나'라는 사람을 셀프 브랜딩해야 한다. 지금 쿠팡의 구조가 이와 같다. 크리에이터는 계정을 만들어 다른 사람이 자신을 팔로우하게 만들어야 한다. 인스타그램은 이미지적인 측면이 강한, 그야말로 소통을 위한 소셜네트워크서비스 기반의 오픈 커뮤니케이션 공간이다. 이미지와 분위기 메이킹을 잘하면 팔로어 수를 늘릴 수 있다. 물론 외적인 요소가 많이 반영된다는 단점도 있다.

그러나 쿠팡에서 인스타그램과 같이 많은 사람의 호응을 얻고 인플루언서가 되는 일은 완전히 다른 이야기다. 이곳은 제품을 판매하는 곳이고 위에서 언급했듯 크리에이터의 판매 금액에 따라 수입이 정해진다. 팔로어 수를 늘려야 내 채널 방문자가 늘어나고 그만큼 구매가 일어날 가능성이 크다.

인스타그램은 전 세계 인구가 동시다발적으로 접속해 접근성이 뛰어나지만 쿠팡은 아직 그런 단계는 아니다. 크리에이터는 이 부분에서 고민해야 한다. 말하는 모습이 매력적이고 충분히 다른 사람의 이목을 끌며, 쿠팡 채널의 팔로어 수를 늘릴 수 있다는 자신감이 있다면 이곳에서 묵묵히 자신만의 방송을 해도 좋다. 그러면 쿠팡도 움직일 것이다. 분명 영향력이 큰 크리에이터에게 특혜를 제공할 가능성이 크다고 본다.

쿠팡 이용자가 많은 만큼 쿠팡라이브도 빠르게 전파될 수 있다. 언제인 지가 미지수이긴 하지만 앞에서도 얘기했듯 1세대에게 주어지는 혜택이 쿠팡라이브에서도 분명 존재할 것이다.

쿠팡의 무기는 무엇인가

그럼 이제 상품 공급자인 셀러 입장에서 보자. 쇼호스트가 상품 공급자라 면 자신의 상품을 방송하고 싶을 것이다. 누구보다 자신의 상품을 잘 이 해하고 적극적으로 판매할 수 있기 때문이다. 심지어 5%의 크리에이터 수수료를 지급하지 않아도 된다.

하지만 쿠팡은 아직 상품 공급자가 직접 계정을 개설하고 원하는 상품 을 구성해 판매할 수 있는 시스템이 갖춰져 있지 않다. 이 부분이 보완되 어야 한다고 생각한다. 생각보다 끼 있는 사장님과 방송 욕심이 있는 직 원이 많다. 회사 입장에선 이들을 활용하는 편이 수익을 극대화하는 데 훨씬 유리하다.

크리에이터 계정은 그대로 두고, 또 다른 계정으로 셀러의 방송 공간을 만들어 구분하는 방식이 좋지 않을까. 그러면 다양한 볼거리와 재미를 느 낄 수 있는 트렌디한 라이브커머스가 완성될 수 있을 것이다.

쿠팡은 콘텐츠 운영 부분에서 네이버나 카카오와 달리 뚜렷한 차별성 이나 메리트를 느끼기 힘든 건 사실이다. 네이버는 불특정 크리에이터에 게 놀면서 방송할 수 있는 라이브커머스라는 동네 놀이터를 제공하고 있다. 반면 카카오는 전국 단위에서 보면 접근성이 떨어지고 비용 부담이 있는 서울의 롯데월드 격이 아닐까 생각된다. 무엇이 좋고 나쁘고를 떠나 네이버와 카카오는 명확한 아이덴티티가 존재한다.

하지만 쿠팡은 아직 어떤 콘텐츠로 어떻게 라이브커머스를 운영할지 불분명하다. 책을 쓰는 이 시점에도 쿠팡의 라이브커머스 시스템은 계속 변화하고 있다. 쿠팡이 콘텐츠와 IT 괴물인 네이버와 경쟁할 생각이라면 명확한 콘텐츠로 자신만의 라이브커머스 시장을 만들어야 한다. 라이브커머스 컨설턴트이자 소비자 입장에서 말하자면 쿠팡의 아이덴티티는 '로켓'이라는 점을 잊지 말아야 한다.

쿠팡에
입점하기

쿠팡라이브를 하기 위해 마켓플레이스 셀러로 입점하려면 비즈니스 계정이 필요하다. 쿠팡뿐 아니라 여러 라이브커머스를 포함한 이커머스 플랫폼은 서비스를 이용하는 개인 회원가입과 별도로 비즈니스 회원가입을 요구하는 경우가 많다. 그중에서도 쿠팡은 비즈니스 회원을 두 종류(쿠팡윙과 쿠팡 서플라이어 허브)로 나누어 입점하게 되어 있다.

일단 둘의 차이는 아주 간단하다. 쿠팡윙은 일반 배송, 쿠팡 서플라이어 허브는 로켓배송을 지원한다. 하지만 쿠팡 서플라이어 허브의 경우 바로 가입하는 게 아니라 입점 신청을 접수한 후 기다려야 하기 때문에 책에서는 쿠팡윙을 기준으로 가입 절차를 살펴보겠다.

쿠팡 셀러
입점하기

쿠팡라이브에서 셀러로 활동하려면 입점은 필수 조건이다. 이미 쿠팡에 입점된 셀러라면 간단한 절차를 통해 등록된 제품으로 쿠팡라이브를 진행할 수 있다. 입점되지 않았다면 회원가입부터 시작하자.

① 네이버에서 '쿠팡윙'(marketplace.coupangcorp.com)을 검색한다.

② 쿠팡윙에 접속한 뒤 [입점 신청하기] 버튼을 클릭한다.

③ 각 항목에 개인정보를 입력하고 휴대폰 번호 인증까지 받은 후 [약관 동의하고 가입하기] 버튼을 클릭한다.

쿠팡 셀러로 입점하려면 비즈니스 계정으로 회원가입을 해야 한다. 그동안 쿠팡을 이용하고 있었더라도 쿠팡 비즈니스 계정은 이와 별개로 따로 가입해야 한다.

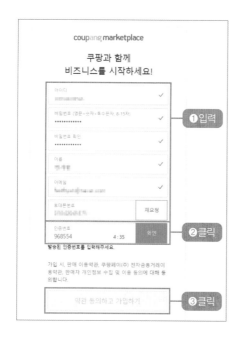

④ 판매자 가입이 완료되면 다음 단계는 사업자 인증이다. [사업자 인증하기] 버튼을 클릭한다.

⑤ 사업자등록번호를 조회해 실제 존재하는 사업자인지 확인 절차를 거쳐야 한다. 빈 칸에 사업자등록번호를 정확하게 입력한 뒤 [다음] 버튼을 클릭한다.

⑥ 사업자 정보에 나오는 빈칸을 정확히 입력한 후 [인증하기] 버튼을 클릭해 본인 인증을 진행한다. 하단의 빈칸에 통신판매업신고번호도 입력하고 [첨부하기]를 클릭한 뒤 통신판매업신고증을 첨부한다.

기존에 통신판매업신고번호를 받아놓았다면 재발급받을 필요 없이 기존의 신고증을 첨부하면 된다. 단 기존의 사업자와 동일한 사업자로 진행해야 한다.

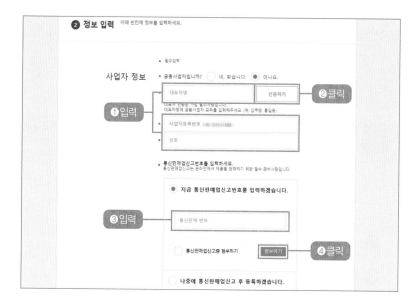

⑦ 회원가입 절차가 끝나면 배정된 쿠팡 담당자로부터 메시지가 온다.
나의 마켓을 관리해줄 담당 MD가 있다는 것은 운영 측면에서 매우 유용한 부분이므로 이런 시스템을 잘 활용하고 담당자와 친해지도록 노력하자.

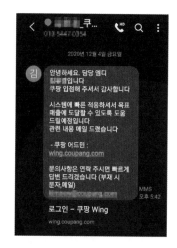

네이버 스마트스토어에 상품 등록하는 방법과 거의 비슷하다. 진행해야 하는 과정이
많지만, 그중 대표 이미지와 제품 상세 설명은 상품 판매에 크게 영향을 미칠 수 있으
므로 신중하게 등록하고 작성해야 한다.

① 이제 본격적으로 상품을 등록해보자. 판매자 가입과 사업자 인증이 완료되면 [상
품 등록하기] 버튼을 클릭한다.

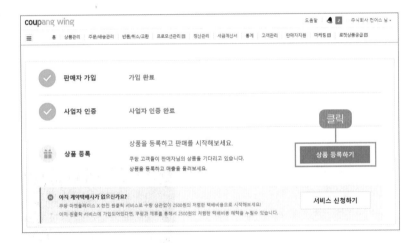

② [상품 개별등록] 버튼을 눌러 등록을 진행해보자.

원하는 상품 등록 방법을 선택할 수 있다. 운영하는 상품의 개수가 단일 품목이고 시간 간격을 두고 입점할 계획이라면 [상품 개별등록]을 선택한다. 기존에 등록한 상품이 다수 있고, 여러 상품을 추가로 등록하려면 [상품 대량등록]에서 제공하는 엑셀 시트를 활용하면 된다(207쪽 참조).

③ [노출상품명] 항목의 빈칸에 판매할 상품의 이름을 입력한다. 카테고리 항목에서는 [카테고리 검색] 버튼을 누른 후 빈칸에 직접 검색하거나 [카테고리 선택] 버튼을 누르고 단계별로 나타나는 카테고리를 선택하면 된다.

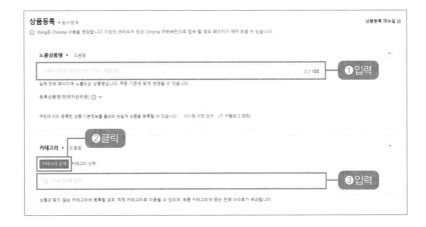

④ [옵션명 개수]는 빈칸을 클릭해 원하는 수를 선택한다. 옵션 입력 항목에는 원하는 [옵션명]과 [옵션값]을 정확히 입력한 후 [옵션목록으로 적용] 버튼을 클릭한다.

옵션은 고객이 상품을 주문할 때 추가로 선택할 수 있는 항목으로, 추가 구매를 일으킬 수 있는 좋은 수단이다. 예를 들어 커피를 판매할 때 옵션으로 프림과 설탕을 넣는 식이다.

이처럼 상품의 보완재 역할을 하는 상품들을 함께 구성하면 매출을 올리는 데 효과적이다. 네이버 쇼핑라이브를 진행할 때 연쇄적 구매가 일어날 수 있도록 세트 상품을 구성하는 것과 비슷한 맥락이다.

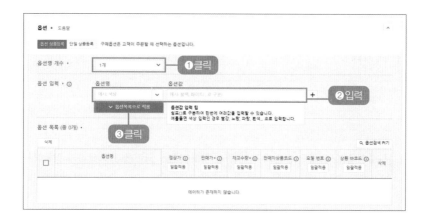

⑤ 상품 검색 시 첫 화면에 보이는 대표 이미지를 설정해보자. [대표 이미지] 항목의 박스 안 [+] 모양을 클릭한 뒤 사진 파일을 찾아 선택한다. 추가 이미지가 있는 경우 같은 방법으로 사진을 추가한다.

대표 이미지는 클릭하고 싶게 만드는 사진이 좋다. 어떤 상품인지 명확하게 보여주면서 고급스러운 이미지로 설정해야 한다. 이는 사람의 첫인상과도 같다. 각별히 신경 써야 하는 부분이다.

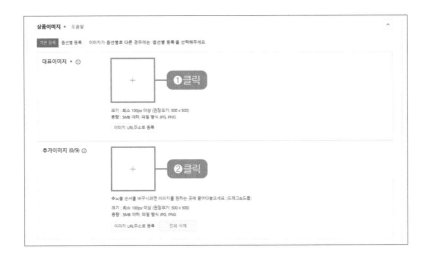

 대표 이미지가 매출에 얼마나 영향을 미칠까?

대표 이미지의 중요성을 몸소 느낀 적이 있다. 책상용과 사무용 의자를 판매한 적이 있는데, 대표 이미지에 따라 클릭 수와 구매 비율이 현저히 다르게 나타났다. 같은 가격, 같은 디자인, 같은 색상, 같은 브랜드 심지어 같은 판매 플랫폼을 이용한다는 전제 조건 하에서의 결과다.

총 3개의 대표 이미지로 실험을 했다. 의자만 있는 사진, 잘생긴 남성이 편안한 자세로 앉아 있는 사진, 예쁜 여성이 기지개를 펴며 앉아 있는 사진이었다.

먼저 유입 인원(클릭 수)의 결과는 의자만 있는 사진의 클릭 수가 10이었다면, 남성 사진은 15, 여성 사진은 20 이상이었다. 클릭 수를 이미지에 대한 호감의 척도라고 본다면 여성의 사진을 노출했을 경우 호감도가 높다는 사실을 알 수 있다.

그에 대한 판매 비율은 유입 인원과 정확히 일치하지는 않았지만 순위는 같았다. 즉 여성 사진의 매출액이 가장 높았다. 무엇보다 고객이 제품의 상세페이지를 보고 싶도록 만드는 게 중요하다는 것을 절대 잊어서는 안 된다.

⑥ 상세 설명은 사진과 글로 상품의 종류, 기능, 특성 등을 설명하면 된다. 상품 소개를 하나의 이미지로 디자인했다면 [이미지 업로드]를 누르고 [이미지 등록] 버튼을 클릭해 이미지를 업로드한다. 텍스트로 직접 입력할 때는 [에디터 작성]이나 [HTML 작성]을 이용하면 된다. 원하는 방법을 선택한 후 상품 소개글을 업로드한다.

상세 설명란에는 내가 소비자라면 궁금해할 내용을 일목요연하게 정리해야 한다. 그래야 고객은 구매할 때 고민하는 시간을 줄일 수 있고 판매자 입장에서는 추가적인 문의사항을 받지 않을 수 있다.

책상을 구매할 때 정보를 찾으려고 굳이 노력하지 않아도 색상과 넓이, 높이, 두께, 면적 등의 정보가 상세히 제공된다면 구매 결정을 내리기 쉬울 것이다. '이 정도는 다 알겠지?'라는 마음은 절대 가져선 안 된다. 자세한 설명을 써놓았어도 Q&A 혹은 CS로 문의가 온다면 해당 내용을 꼼꼼히 기록해 상세 설명란에 잘 노출될 수 있도록 수정하는 지속적인 노력이 필요하다.

⑦ [상품 주요정보]의 빈칸에 정확한 정보를 입력한다. 브랜드 상품이 아닌 경우 [브랜드없음]에 체크한 후 브랜드와 제조사를 입력하지 않는다. 추가적으로 나오는 항목을 꼼꼼히 확인한 후 해당 사항에 체크한다.

특히 법에 저촉되는 부분과 제품의 예민한 정보에 대해서는 더욱 신경 써서 추후 부정적 조치를 받지 않도록 주의한다.

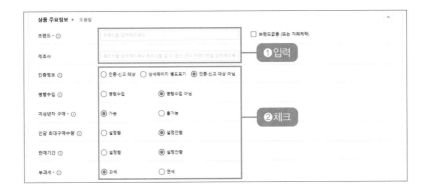

TIP 얼마나 자세하게 상품을 설명해야 할까?

상품 설명을 어떻게 해야 할지 고민된다면 고객이 어떤 문의를 할지 생각해보면 된다. 하나의 상품에 대해 고객이 묻는 질문은 정해져 있다. 이는 두 가지 방법으로 해결 가능하다.

첫째, 문의가 많다는 건 상세페이지의 정보가 충분치 않다는 뜻이므로 자주 묻는 내용을 설명해놓는다. 그래서 상품을 올려놓은 이후에 동일한 질문이 2~3회 반복된다면 질문에 대한 정보를 상세페이지에 아주 크고 명확한 글씨로 추가한다.

둘째, 질문에 대한 내용을 정리해 하나의 문서 파일로 만들어 고객이 질문할 때 바로 해당되는 내용을 붙여넣기해 빠르게 응대하는 방법이다. 제품 특성상 상세페이지의 내용이 많으면 질문에 대한 내용을 추가해도 잘 보이지 않기 때문이다. 하지만 이 방법은 고객이 많아질수록 하나하나 대응하기 어렵기 때문에 상세페이지를 잘 활용해 고객에게 질문을 적게 받는 시스템을 만드는 것이 효율적이다. 상세페이지가 중요한 이유다.

⑧ [상품정보제공고시], [배송], [반품/교환] 항목도 정확히 정보를 기입한다. [배송]의 [출고지 추가] 버튼을 클릭해 출고지를 등록한다. [반품/교환] 항목에서는 택배사 계약 여부에 따라 [반품/교환지 추가] 또는 [직접 입력] 버튼을 클릭해 반품·교환 지를 등록한다. 모든 정보를 입력하고 하단의 [저장하기] 버튼을 클릭하면 개별 상 품등록은 마무리된다.

다시 한번 강조하지만, 중요 고시 정보와 배송 출고·반품지 등에 대한 정보는 꼭 정확히 기입해야 한다. 물류사고를 미연에 방지할 수 있는 유일한 방법이다. 이를 잘못 기입하면 물류 배송비가 2중, 3중으로 들 수 있다. 상품을 판매할 때 가장 비 중을 많이 차지하는 비용이 바로 물류 비용이고 사고가 가장 빈번하게 발생하는 것도 물류임을 잊지 말자. 조심 또 조심, 확인 또 확인하는 습관을 들여야 한다.

쿠팡에 상품 대량 등록하기

상품을 대량 등록하는 방법을 알아보자. 쿠팡윙 사이트에 접속해 로그인한 후 [상품관리] → [상품등록]을 순서대로 누른 후 [상품 대량등록(엑셀)]을 클릭한다.

　등록할 상품의 카테고리를 직접 검색창에 입력해 찾거나 목록에서 해당하는 카테고리의 분류를 선택하는 방법이 있다. 카테고리를 제대로 선택했다면 [선택한 카테고리로 대량등록엑셀파일 다운로드] 버튼을 클릭해 파일을 다운받는다.

　카테고리에 따라 엑셀 파일에 입력해야 할 정보가 다르므로 자신이 등록할

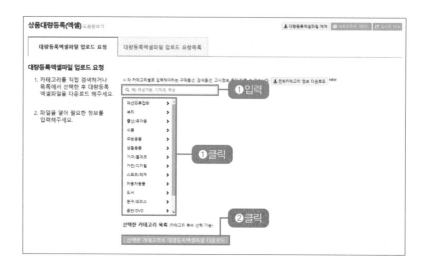

상품의 카테고리를 정확하게 선택해야 한다.

오른쪽에 보이는 파일은 여성패션 중에서 의류 카테고리의 엑셀파일이다. 파일을 여는 순간 기겁하는 사람이 꽤 많다. 하지만 몇 번 하다 보면 금방 익숙해진다. 미리 겁먹지 말자.

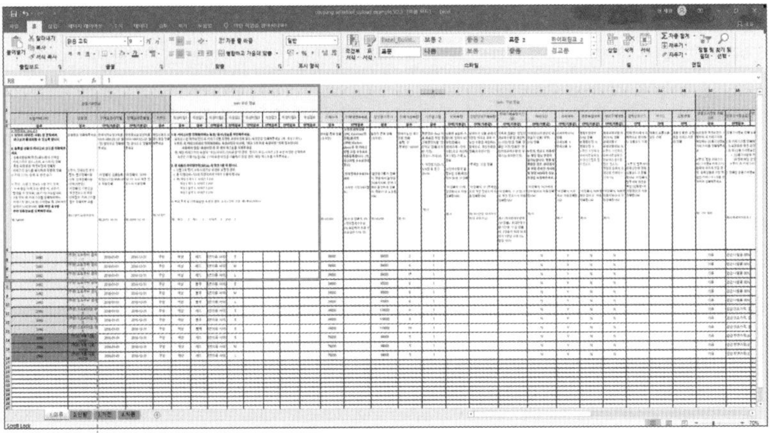

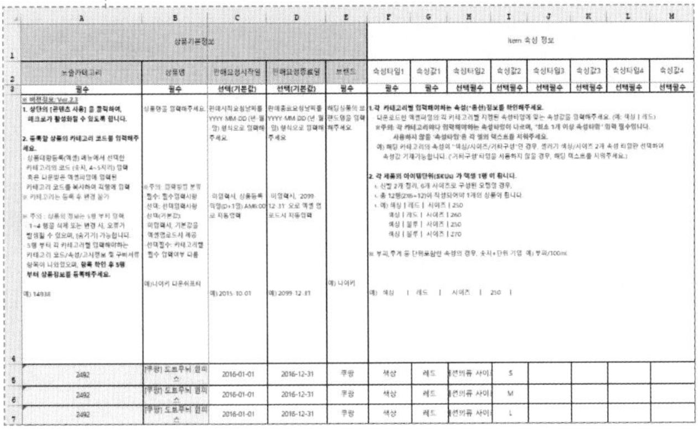
상품기본정보
Item 속성 정보
노출카테고리
상품명
판매요청시작일
판매요청종료일
브랜드
속성타입1
속성값1
속성타입2
속성값2
속성타입3
속성값3
속성타입4
속성값4
필수
필수
선택(기본값)
선택(기본값)
필수
필수
필수
선택필수
선택필수
선택필수
선택필수
선택필수
선택필수
※ 버전정보: Ver.2.3
1. 상단의 [콘텐츠 사용] 을 클릭하여, 매크로가 활성화될 수 있도록 합니다.
2. 등록할 상품의 카테고리 코드를 입력해주세요.
상품대량등록(엑셀) 메뉴에서 선택한 카테고리의 코드 (숫자, 4~5자리) 입력 혹은 다운받은 엑셀파일에 입력된 카테고리 코드를 복사하여 각행에 입력
※ 카테고리는 등록 후 변경 불가
※ 주의 : 상품의 정보는 5행 부터 입력
1~4 행을 삭제 또는 변경 시, 오류가 발생할 수 있으며, (숨기기) 가능합니다.
5행 부터 각 카테고리별 입력해야하는 카테고리 코드/속성/고시정보 및 구비서류 항목이 나와있으며, 등록 확인 후 5행 부터 상품정보를 등록해주세요.
예) 14938
상품명을 입력해주세요.
※주의: 입력방법 분류
필수: 필수입력사항
선택: 선택입력사항
선택(기본값): 미입력시, 기본값을 엑셀업로드시 제공
선택필수: 카테고리별 필수 입력여부 다름
예)나이키 다운쉬프터
판매시작요청날짜를 YYYY-MM-DD (년-월-일) 형식으로 입력해주세요.
미입력시, 상품등록익일(D+1일) AM6:00로 자동입력
예) 2015-10-01
판매종료요청날짜를 YYYY-MM-DD (년-월-일) 형식으로 입력해주세요.
미입력시, '2099-12-31' 으로 엑셀 업로드시 자동입력
예) 2099-12-31
해당상품의 브랜드명을 입력해주세요.
예) 나이키
1. 각 카테고리별 입력해야하는 속성(*옵션)정보를 확인해주세요.
다운로드한 엑셀파일의 각 카테고리별 지정된 속성타입에 맞는 속성값을 입력해주세요. (예: 색상 | 레드)
※주의: 각 카테고리마다 입력해야하는 속성타입이 나오며, "최소 1개 이상 속성타입" 입력 필수입니다.
사용하지 않을 '속성타입'은 각 셀의 텍스트를 지워주세요.
예) 해당 카테고리의 속성이 "색상/사이즈/거타구성"인 경우, 셀러가 색상/사이즈 2개 속성 타입만 선택하여 속성값 기재가능합니다. ('거타구성'타입을 사용하지 않을 경우, 해당 텍스트를 지워주세요.)
2. 각 제품의 아이템단위(SKUs) 가 엑셀 1행 이 됩니다.
ㄴ 신발 2개 컬러, 6개 사이즈로 구성된 모델일 경우,
ㄴ 총 12행(2X6=12)이 작성되어야 1개의 상품이 됩니다.
ㄴ 예) 색상 | 레드 | 사이즈 | 250
색상 | 레드 | 사이즈 | 260
색상 | 블루 | 사이즈 | 250
색상 | 블루 | 사이즈 | 270
※ 부피,무게 등 단위포함한 속성의 경우, 숫자+단위 기입 예) 부피/100ml
예) 색상 | 레드 | 사이즈 | 250 |
2492
[쿠팡] 도브루뉘 원피스
2016-01-01
2016-12-31
쿠팡
색상
레드
S
M
L

쿠팡라이브 벤더 가입하기

쿠팡에 제품을 입점했다면 이제 쿠팡라이브 벤더에 가입할 차례다. 쿠팡라이브의 특징은 벤더와 크리에이터로 나누어 가입할 수 있다는 점이다.

벤더는 네이버 쇼핑라이브와 같이 쿠팡에 입점할 때 사용한 아이디를 연동시켜서 셀러로 가입할 수 있다. 반면 크리에이터는 입점한 스토어가 없더라도 진행자로서 가입이 가능하다.

쿠팡라이브는 아직 베타 테스트 단계라서 라이브커머스를 할 수는 없지만 이미 입점해 있는 경우라면 바로 활동할 수 있도록 미리 가입을 해두는 게 좋다.

① 네이버에서 '쿠팡라이브 크리에이터'(livecreator.coupang.com)를 검색해 접속한 뒤 [벤더 가입하기] 버튼을 클릭한다.

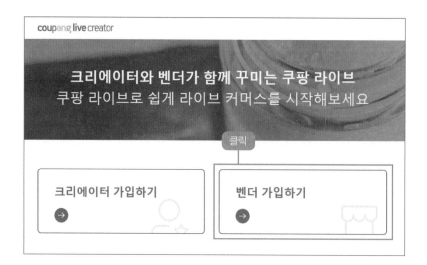

② [쿠팡라이브 벤더 가입 신청서]에 나오는 사전 질문에 개인정보를 입력한 후 [쿠팡 라이브 이용약관에 동의하며 서비스 가입을 신청함]에 체크한다.
벤더 입장에선 방송 횟수가 많을수록 유리하다. 하지만 직접 방송을 하지 않으면 큰 이득을 보기 힘들 수도 있으니 이점을 참고해서 작성하자.

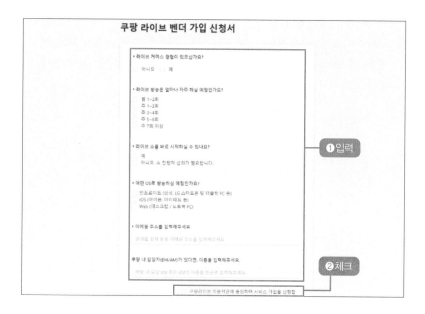

③ 아래의 메시지가 나타나면 신청 접수가 완료됐다는 의미다. 1주 정도 검토 시간이 걸리니 기다려보자.

쿠팡라이브 신청이 반려됐다면?

아래와 같은 메시지가 뜨면 당황할 것이다. 아직 제품이 입점되지 않아 반려된 경우일 수 있다. 개인적인 생각으로는 기존 쿠팡에 입점한 사업자들에게 먼저 기회를 주는 게 아닐까 싶다.

이는 어찌 보면 당연한 행보다. 베타 서비스를 운영하며 발생할 수 있는 시스템적 문제나 기타 사항 등을 파악한 후 신규 업체에 입점 정보를 전달할 것으로 예상된다. 그때 다시 신청해보자.

크리에이터로
쿠팡라이브 도전하기

이제 크리에이터에 도전할 시간이다. 크리에이터로 활동하려면 어떻게 해야 하는지, 쿠팡라이브는 어떻게 진행하는지 등을 자세히 알아보자. 앞서 이야기했듯 크리에이터는 누구나 신청할 수 있다. 기존 쿠팡 판매자, 입점업체 등은 물론 일반인들도 지원해 일정 자격만 되면 방송을 진행할 수 있다.

　SNS에서 인플루언서를 팔로우하듯 고객들이 크리에이터를 팔로우하면 라이브 알림도 받을 수 있다. 팔로어가 많아지고 판매가 늘면 높은 수익도 얻을 수 있다. 쿠팡라이브는 이제 시작 단계인 만큼 이 기회를 놓치지 말고 크리에이터에 도전해보자.

나도
킹셀러!

쿠팡라이브
크리에이터 지원하기

크리에이터 신청은 간단하다. 쿠팡 아이디로 로그인한 뒤 지원 페이지에서 신청 가입을 하면 된다. 주저하지 말고 따라해보자.

① 네이버에서 '쿠팡라이브 크리에이터'(livecreator.coupang.com)를 검색해 접속한 뒤 [크리에이터 가입하기] 버튼을 클릭한다.

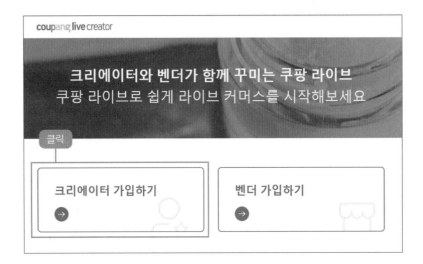

② 기존에 가입한 쿠팡 아이디가 있다면 해당 아이디로 로그인하고, 아이디가 없다면 회원가입을 진행한다.

③ [쿠팡 크리에이터 지원 페이지]에 나오는 질문에 정보를 정확히 입력한다. [닉네임] 항목에는 크리에이터로서 활동할 이름을 입력한다. 그런 다음 [링크 추가] 버튼을 클릭해 활동하는 SNS 주소를 업로드한다.
최대 3개 계정까지 가능하며 주로 인스타그램, 유튜브, 페이스북의 URL을 기재하면 된다.

④ [자기소개] 항목에는 최대한 임팩트 있게 무엇을 할 수 있는지 구체적으로 서술하자. 방송 경험이 있다면 [동영상 링크 첨부하기]나 [동영상 업로드하기] 버튼을 클릭해 동영상을 올려놓는 것이 도움 된다. 동영상뿐 아니라 프로필 사진도 등록해놓자. [프로필 사진] 항목의 박스 안에 [+] 모양을 클릭한 뒤 사진 파일을 찾아 선택한다. 가장 고급스럽고 멋진 모습, 개성 강하고 톡톡 튀는 모습을 담아야 한다는 사실을 잊지 말자.

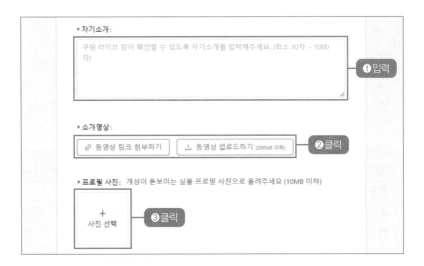

⑤ 소속 MCN이 있다면 [예]를 선택하고 회사명을 기재한다.

MCN(Multi-Channel Network)은 크리에이터들의 엔터테인먼트(연예 기획사) 같은 개념이다. 나도 MCN 회사를 운영하고 있으니 크리에이터에 지원할 생각이라면 '주식회사 컨어스'를 입력해주길 바란다.

⑥ [쿠팡라이브 이용 신청서(크리에이터)] 항목을 정확히 입력하고 [계약 조건에 동의하고 서비스 가입을 신청합니다], [개인정보 수집 및 이용에 동의합니다] 항목에 체크한 뒤 [제출] 버튼을 클릭한다.

이것으로 가입 절차는 마무리된다. 이후 크리에이터 활동 가능 여부에 대한 최종 결과가 이메일로 발송된다.

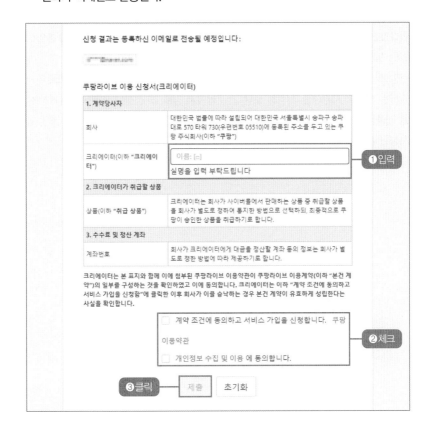

쿠팡라이브
크리에이터로 방송하기

이 책을 집필하던 중 크리에이터와 셀러로 가입한 쿠팡으로부터 한 통의 이메일을 받았다. 드디어 2021년 1월 14일부터 쿠팡라이브 첫 방송을 시작한다는 내용의 메일이었다. 일종의 베타 테스트 형식으로 진행하는데 그 방식이 매우 특이했다.

쿠팡에서 방송 가능한 제품 리스트를 메일로 발송하면 크리에이터가 그 리스트에서 원하는 제품과 시간대를 지정해 보낸다. 쿠팡에서 검토 후 선정된 크리에이터에게 샘플 제품을 발송한다. 샘플을 받은 크리에이터는 담당자에게 연락해 제품 설명을 듣고 지정된 시간에 방송하는 식이다. 매우 간소화된 방법이다.

① 쿠팡 담당자에게 방송 가능한 제품 리스트를 받으면 크리에이터의 업무가 시작된다. 우선 제품 리스트를 꼼꼼히 검토한 후 방송 진행을 원하는 제품을 선택한다. 아래 사진은 실제 쿠팡으로부터 받은 제품 리스트다. 950여 개의 제품이 리스트업되어 있다. 엄청나게 많은 양이다. 그런데 특이한 점은 대부분이 페이스와 보디에 관련된 제품들이다. 제모기, 면도기, 클렌저, 팩트, 크림, 왁싱 도구, 토너, 에멀션, 선크림, 향수 등이다. 제품 종류에 비해 카테고리가 치중되어 있어 놀랐다. 아마 단계적으로 카테고리를 넓혀 운영할 계획인 듯하다.

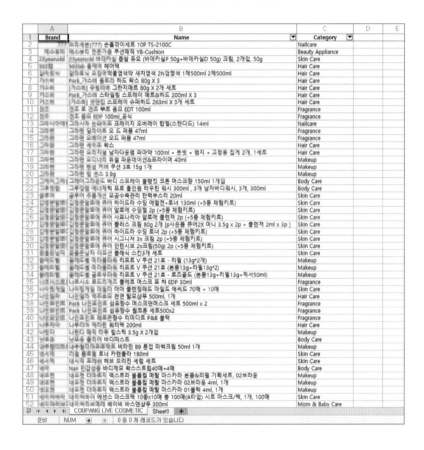

② 이제 방송할 라이브를 등록해야 한다. '쿠팡라이브 크리에이터'에 접속해 로그인한 후 [라이브 등록하기] 버튼을 눌러 나온 항목들을 정확히 입력한다.

소비자의 이목을 끌만한 [라이브 타이틀]을 정해 빈칸에 입력하고, [라이브 커버] 항목의 박스 안 [+] 모양을 클릭한 뒤 가장 매력적인 사진이나 보여주고 싶은 사진을 찾아 등록한다. [라이브 일정]의 [일정 선택하기]를 눌러 원하는 날짜와 시간으로 라이브 방송 스케줄을 잡은 후 [라이브 만들기] 버튼을 클릭한다.

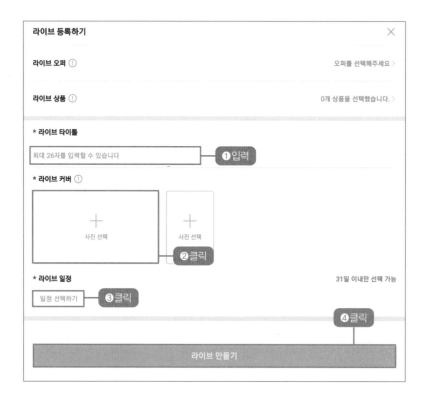

③ 라이브 등록을 완료하면 방송 가능 여부를 확인하는 심사에 들어간다. 이제 심사 결과만 기다리면 된다.

사진의 프로필 페이지를 보면 알 수 있듯 SNS처럼 팔로어를 늘려가는 형태다. 즉 나의 매력도가 아주 중요하다는 의미다. 프로필에서 현재까지의 라이브 조회 수와 매출액 등을 확인할 수도 있다.

쿠팡라이브 모니터링하기

크리에이터로 활동하기 전 실제 방송이 어떻게 송출되는지 한번 살펴보자. 간단하다. 평소 자주 이용하던 쿠팡 앱으로 로그인하면 된다. 앱 첫 화면의 중간 부분을 보면 '로켓프레시', '쿠팡이츠', '로켓배송' 등의 메뉴가 자리하고 있다. 그 맨 앞에 못 보던 메뉴가 눈에 들어올 것이다. 올해부터 '쿠팡라이브' 메뉴가 새로 추가되었다. 가볍게 터치해보자. 라이브 진행 중인 화면들이 나열된다.

오른쪽 사진에서 상단에 두 개의 탭, '라이브홈'과 '팔로잉'이 보이는가? 먼저 라이브홈에서는 현재 진행 중인 방송이나 진행된 방송의 녹화

본을 볼 수 있다. 팔로잉 탭을 누르면 팔로잉하고 있는 진행자의 계정을 한눈에 볼 수 있다. 특이한 점은 나의 관심 상품 리스트가 아닌 진행자를 기준으로 정렬되어 있다는 점이다. 쿠팡라이브는 제품보다 진행자의 콘텐츠에 집중하는 방송 형태를 띠고 있음을 예측할 수 있다. 또 다른 라이브커머스 앱인 '그립'도 이와 유사한 형태다.

추후에는 상품별 카테고리나 즐겨찾기, 소식받기 등의 기능이 추가될 가능성이 높다. 다시 한번 강조하지만 라이브커머스는 이제 막 태어난 신생아와 같은 시장이다. 따라서 앞으로 발전 방향에 따른 구현 방법과 형태는 매우 다양해질 것이다. 그중 쿠팡은 우리나라 오픈마켓의 최강자인 만큼 판매 데이터와 노하우를 가장 많이 갖고 있으므로 그러한 점이 반영된다면 가장 기대되는 플랫폼이다.

PART 3

기획부터 마케팅까지, 현세환의 일대일 리얼 코칭

누적 매출 1조 원, 15년 경력의 톱 쇼호스트가 알려주는
라이브커머스 핵심 전략

CHAPTER 7

라이브커머스의 판을 키우는 전략! 제품 소싱

누구에게 사고
어떻게 팔 것인가?

라이브커머스의 1인 언택트 창업자가 되기 위해서는 제품을 보는 선구안이 좋아야 한다. 누구나 판매하는 상품을 팔면 경쟁력이 떨어지고 수익률도 낮을 것이다. 반대로 남들이 찾아내지 못하는 시장을 읽는 눈과 선구안에 대한 확신과 결단력이 있다면 내 제품에 대한 특수성으로 높은 수익을 얻을 수 있다. 결국 라이브커머스에서 1인 판매자로 우뚝 서는 데 결정적인 요인은 제품 소싱 능력이다.

1인 판매자로서 판매 스킬, 스피치, 세일즈 포인트 수립, 방송 장비 운영, 플랫폼 매뉴얼 등은 이해하고 실행하면 된다. 이런 부분은 어느 정도 도움을 받아 해결할 수 있고, 한 번 익숙해지면 큰 실수를 할 일이 없다.

하지만 제품 소싱은 완전히 다른 이야기다. 어쩌면 이 책의 내용 중 가장 중요한 부분일 수 있다.

모든 판매자가 갖는 생각은 똑같다.

'무엇을 팔아야 하는가?'

'언제 팔아야 하는가?'

'누구에게 팔아야 하는가?'

'얼마나 팔 것인가?'

이 질문에 대해 100% 확신을 갖고 대답할 수 있는 사람은 아무도 없다. 그것이 소싱이다. 존재하지 않는 정답에 가장 가까운 답을 유추하는 과정이라 할 수 있다.

지금부터 15년간 영업·판매 업종에서 일하며 깨달은 제품 소싱 노하우를 어떻게 라이브커머스에 적용할 것인지에 대해 이야기하겠다. 제품 소싱의 가장 쉬운 방법부터 가장 이상적인 방법까지 소개하겠다. 기본적인 사항이지만 잘 숙지해 현업에서 활용하길 바란다.

제품 소싱 형태
① 위탁 판매

위탁 판매는 제품이 도매상(혹은 제조사/생산자) → 소매상 → 구매자로 이동할 때 소매상 역할을 하는 것으로 도매상에서 물건을 싸게 대량 매입해 구매자에게 판매하는 방식이다.

위탁 제품 판매처(도매상) 중 가장 유명한 사이트는 '도매매'와 '도매꾹'이다. 사업자등록증만 있으면 가입이 가능하다. 원하는 상품명을 검색하면 제품 정보를 손쉽게 얻을 수 있다. 이외에도 판매처는 많으니 혹 찾는 제품이 잘 매칭되지 않거나 가격이 맞지 않을 경우 다소 시간이 들더라도 다른 위탁 판매업체를 찾아보자.

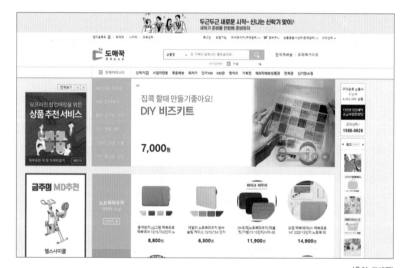

시간 절약, 재고 부담 제로가 장점

위탁 판매의 가장 큰 장점은 제품 소싱하는 시간을 절약할 수 있다는 것이다. 스마트스토어를 오픈하고 무엇을 해야 할지 모를 때 연습 삼아 해보길 권한다. 위탁 판매는 크게 세 가지 종류의 사이트를 이용할 수 있다. 쇼핑몰, 폐쇄몰 그리고 개인몰이다.

쇼핑몰은 불특정 다수에게 오픈되어 있어 언제, 어디서건 누구나 마음대로 상품을 소싱할 수 있는 사이트다. 처음 진입 단계에선 제품을 소싱하기 좋지만, 진입장벽이 낮은 만큼 경쟁이 매우 치열해 큰 매출을 올리기는 어렵다.

폐쇄몰은 말 그대로 폐쇄적으로 운영하는 쇼핑몰이다. 불특정 다수가 아니라 등록 절차를 거친 회원만 대상으로 하며, 그들에게 적합한 재화나 가격 등을 책정한 뒤 제품을 판매한다. 생각보다 절차가 매우 까다로운 편이다.

그 이유는 폐쇄몰에서 파는 상품은 누구나 취급하고 싶어 하는 상품이기 때문이다. 만약 무분별하게 상품을 공급하면 어떻게 될까? 경쟁이 치열해지고 판매자는 하나라도 더 팔기 위해 자신의 마진을 계속 낮출 것이다. 그러면 시장가격이 크게 흔들리고 결국 가격 방어선을 지키지 못해 시장가가 무너지는 현상이 나타날 수 있다.

그래서 폐쇄적인 운영으로 일부 승인된 판매자에게만 상품을 팔 수 있는 권한을 부여하는 것이다. 누구나 갖고 싶어 하는 제품이기 때문에 어느 정도 안정적인 매출을 확보할 수 있다는 게 폐쇄몰의 장점이다.

개인몰은 또 다른 영역이다. 가장 쉽게 이해하려면 스마트스토어를 떠올리면 된다. 한 제조사 또는 개인이 소유하고 있는 제품을 판매하는 사이트에서 내가 팔고 싶은 상품을 찾아 직접 공급을 요청하는 방식이다.

하지만 개인몰 운영자나 기업은 자신의 상품을 직접 판매하는 걸 선호한다. 특히 제품 경쟁력이 뛰어날 때 이런 경향은 강해진다. 자신들의 상품에 대한 가치가 떨어지는 걸 방지하기 위해서다.

개인몰을 통해 위탁 판매를 하려면 어느 정도 매출을 일으킬 수 있다는 자신감과 근거 자료를 제시해야 한다. 그들을 설득할 수 있는 커뮤니케이션 능력도 뛰어나야 한다. 그래야 그들과 당당하게 협상할 수 있다.

나는 현재 '비포락토'라고 하는 덴마크산 유산균을 내 폐쇄몰과 개인몰에서 판매하고 있다. 매출액도 크고 품질도 좋아 다른 판매 루트에 대한 관심이 크지 않았다. 그런데 라이브커머스에 대한 관심이 커지면서 협의를 통해 서로 윈윈할 수 있는 구조로 비즈니스를 완성했다. 단일 품목인데도 개인몰과 라이브커머스를 통해 한 달에 수천만 원 이상의 매출이 나오고 있다. 내가 크게 신경 쓰지 않아도 말이다.

위탁 판매를 할 때 가장 쉽게 접근할 수 있는 것은 쇼핑몰이다. 내가 필요한 물건을 검색하고 정보를 그대로 스마트스토어에 입력하면 준비 완료다. 주문이 들어오면 취합해 쇼핑몰에 전달하면 모든 과정이 끝난다. 그 후엔 위탁업체가 알아서 수량과 주소지를 확인하고 직접 배송한다.

위탁 판매의 또 다른 장점은 재고 부담이 전혀 없다는 것이다. 그로 인한 창고 유지비나 택배에 대한 부담을 갖지 않아도 된다. 사실 사업 초기 가장 큰 고민은 사입(판매 상품 매입) 비용이다. 초기 비용의 대부분이 물건을 사입할 때 발생하며 가장 부담되는 부분이다.

물건을 너무 많이 사서 재고가 남으면 어떻게 처분해야 할지 고민이고, 반대로 너무 적게 사서 주문에 대응하지 못하면 높은 수익을 창출하지 못하기 때문이다. 경험 없는 초보 판매자는 초기 구매량의 적정선을 찾기가 쉽지 않다. 사실 사업을 오래한 사람이라도 예측하긴 어렵다. 이런 재고 부담이 없다는 건 무시할 수 없는 큰 장점이다.

재고 관리에 어려움이 따른다

단점은 뭘까? 바로 재고 관리다. 수량을 체크하고 판매 가능한 재고가 얼마나 남았는지 확인하기가 쉽지 않다. 내가 이용하는 위탁 판매 사이트에서 재고가 소진됐는데 나의 스마트스토어로 주문이 더 들어오면 문제가 발생한다. 이런 경우 고객에게 양해를 구하고 환불 절차를 밟아야 한다.

묶음 배송 또한 문제가 될 수 있다. 보통 얼마 이상이면 배송비가 무료인 경우를 경험해봤을 것이다. 하지만 위탁 판매는 한 회사가 아니라 제품별로 내 스마트스토어에 옮겨놓은 것이기 때문에 제품마다 출발지가 다르다. 따라서 같은 스마트스토어더라도 상품마다 배송비를 따로 책정할 수밖에 없다. 소비자 입장에서는 묶음 배송 조건이 까다롭고 상품에 따라 배송비를 내야 하는 경우가 생길 수 있다. 이런 번거로움은 환불할 때도 적용된다. 제품마다 다른 환불지로 배송되어야 하기 때문이다.

TIP 잘못된 상품이 왔다고요?

위탁으로 판매하는 상품은 내가 직접 검수하지 못하고 위탁 판매자가 임의로 검수해 발송한다. 즉 판매자가 제품의 상태를 확인할 수 없는 상태로 고객에게 배송되는 것이다.

한번은 고가의 제품을 위탁 판매한 적이 있었다. 그런데 상품을 올린 지 며칠이 지나자 여러 건의 컴플레인이 동시다발적으로 들어왔다. 확인해보니 불량에 가까운 B급 물건이 배송됐다.

고객에게는 제품에 대한 금액을 전액 환불하고, 도매상에게 피해 보상을 요구했지만 받아내는 데 어려움을 겪었다. 처음 거래하는 업체의 경우 가능한 한 제품을 미리 받아보고 직접 검수하길 권한다. 적어도 초기 단계에서는 꼼꼼한 확인이 더욱더 필요하다.

경쟁이 치열하다는 사실을 잊지 말자

단순하게 생각하면 위탁 판매는 매우 쉬워 보인다. 그러나 간과해선 안 되는 부분이 있다. 바로 경쟁력이다. 접근이 쉽다는 건 누구나 뛰어들 수 있는 시장이라는 의미다. 너도나도 같은 제품을 판매하는 사람이 많다는 뜻이기도 하다.

그래서 위탁 판매는 시장 진입 초기 단계에 연습용으로 활용하길 권한다. 또는 급작스럽게 유행하는 아이템이 있을 때 치고 빠지는 전략으로 사용해보자.

장기적인 계획을 갖고 해당 사이트를 이용하는 것은 좋지 않다. 하지만 주기적으로 체크하고 사이트의 분위기를 살펴보며 요즘 유행하는 아이템이 무엇인지, 그것보다 고급화된 상품은 무엇인지, 연계된 상품은 무엇인지 고민한다면 이용할 가치는 충분히 있다. 이러한 사고를 통해 경쟁력 있는 상품 라인업을 구축하는 노력이 필요하다.

제품 소싱 형태
② 사입 판매

사입은 제품을 도매상에게 직접 구입한 뒤 검수, 포장, 택배 과정을 모두 판매자가 처리하는 방식이다. 손이 많이 가지만 같은 상품으로 더 많은 수익을 올릴 수 있다면 이런 수고쯤은 아무것도 아니지 않을까.

탁월한 재고 관리

우선 재고 관리가 용이하다. 위탁 판매와 다르게 내가 제품을 보유하고 있기 때문에 어떤 사이즈, 어떤 색상, 어떤 종류를 얼마나 판매할 수 있는지 예측 가능하다.

그리고 여러 가지 종류의 제품이 있더라도 발송지가 동일하기 때문에 묶음 배송이 가능해 소비자에게 추가 배송비를 청구하지 않아도 된다. 이렇게 하면 개별 상품 단가를 높여 매출을 늘리는 효과도 볼 수 있다.

이번에는 제품을 제공하는 공급자 측면에서 생각해보자. 언제 다 팔릴지 모르는 1,000개의 제품을 가지고 있다고 가정해보자. 창고는 물건으로 가득 차 있다. 다음 제품도 생산해 판매를 준비해야 하는데 쌓여 있는 재고 때문에 현금 흐름이 막혔다. 막대한 창고 비용도 계속 들어간다. 위탁 판매만 한다면 이런 상황에서 마냥 손 놓고 기다릴 수밖에 없다.

여기에서 사입 판매의 장점이 나타난다. 공급자는 빨리 현금과 공간을 확보하고 비용을 절감해야 한다. 이때 누군가 나타나 1,000개의 상품을 모두 가져간다고 하면 반갑다. 위탁 판매 금액보다 30~50% 저렴하게 물건을 공급해달라고 요청하며, 수락하면 바로 현금 지급은 물론 지금 당장 모든 물건을 출하하겠다고 제안한다. 공급업자는 제품을 만들기 위해 들어간 비용과 시간 등을 모두 고려해 어느 정도 이익이 난다고 판단하면 주저 없이 물건을 떠넘긴다. 수익은 줄지만 오늘 당장 창고 비용에서 해방되고, 다음 제품을 준비할 수 있는 시간과 넉넉한 현금을 손에 쥘 수 있다. 모두가 윈윈하는 좋은 구조가 된다.

이는 더 큰 수익을 내기 위한 전략이다. 개별 단가는 저렴하지만 많은 양을 가져간 최종 판매자에게 재고 부담을 전이할 수 있다. 이제는 판매자가 물건을 빨리 소진하기 위해 판매에 주력해야 한다. 그렇지 않으면 막대한 재고 때문에 밤잠을 설치게 된다.

비용 부담이 만만치 않다

위탁 판매와 마찬가지로 재고와 비용에 대한 부담이 있다. 10년 전쯤 사입 판매를 한 적이 있다. 당시 85제곱미터(35평형) 아파트에 거주하며 거실과 방 2개를 거의 창고로 활용했다. 사무실 대신 집에서 포장하고 검수했다. 마치 집안 전체가 시장 바닥 같은 느낌이 들었다. 만약 그 집이라도 없었다면 물건 보관을 위한 창고가 따로 필요했을 것이다. 이 역시 비용이다.

최근에는 3자 물류(3PL)라고 하는 전문 시스템을 갖춘 업체가 많아져 대행이 용이해졌다. 물류, 포장, 창고 보관 등을 하나의 대행업체에 맡길 수 있다. 회사마다 시스템과 물류 비용이 다르기 때문에 최소 3~5군데 견적을 비교하고 선택하길 권한다.

사실 창고 비용보다 더 큰 비용은 물건을 사입할 때의 비용이다. 좋은 도매상을 만나거나 오랜 인연을 맺은 거래처라면 사입 비용의 결제일을 여유 있게 정할 수 있지만, 그렇지 않은 경우 내가 아무리 청렴결백해도 사입 비용을 완납하길 요구할 것이다. 비용 부담이 엄청날 수 있다.

처음 판매를 시작할 때 불타는 의지와 왠지 모를 희망에 많은 수량을 사입하는 경우가 있다. 처음부터 큰 욕심을 부리기보다 차곡차곡 쌓아나가는 것이 좋다.

지금이 기회다! 해외로 판매할 제품을 소싱해보자!

2020년 세계를 뒤덮은 코로나19로 하늘길이 막혔다. 사람뿐 아니라 하늘과 바다를 오가던 수출입 상품도 마찬가지다. 그래서 해외 직구에 대한 니즈와 압력이 더욱 커졌다. 반대로 한국 상품을 원하는 사람도 많지 않을까?

지금 라이브커머스는 해외 직구도 가능한 상황이다. 하지만 반대로 한국의 상품을 원하는 해외 고객을 위한 서비스도 필요하지 않을까? 그렇다면 그에 적합한 상품을 소싱해보는 건 어떨까? 해외 상품 소싱은 해외 로드숍, 박람회, 알리바바 검색 등을 통해 비교적 쉽게 할 수 있다.

이제 대한민국에서 라이브커머스가 시작된 이상 우리나라 제품에 대한 해외 고객의 니즈도 늘어날 것으로 판단된다. 그럼 앞으로 해외시장에서 경쟁력 있는 우리나라 상품은 무엇일까? 뷰티, 콘텐츠, 건강기능식품 카테고리는 꾸준히 인기가 있을까? 생각해볼 필요가 있다.

해외 제품을 소싱하는 것도 좋지만 직구에 비해 가격 경쟁력을 확보하기 어렵다면 발상을 뒤집어보자. 한국에서 해외로 나갈 수 있는 숨은 아이템을 찾는 것이 큰 경쟁력이 될 수 있다.

제품 소싱 형태
③ 제조 판매

제조 판매는 직접 공장을 설립해 제품을 생산한다는 의미가 아니다. 제조사와 협업해 공동으로 제품을 개발하고 그 제품에 대한 지분을 공유하는 방식이다. 제품을 판매해본 경험이 있고 시장의 흐름을 읽을 수 있는 사람에게 추천하는 방법이다.

잘 아는 제품만 팔아라

사실 상품에 대한 뛰어난 제조 능력을 갖추고 있더라도 마케팅이나 홍보에 직접 뛰어들지 않는 이상 시장 반응을 예측하지 못하거나 잘 이해하지 못하는 경우가 많다.

쇼호스트 출신인 나는 가장 일선에서 소비자가 원하는 것과 시기마다 인기가 많고 가장 잘 팔리는 제품을 10년 이상 숫자로 확인했다. 그러니 트렌드에 민감할 수밖에 없다. 이제는 어떤 상품이든 처음 접하면 장단점과 시장 반응이 어느 정도 예측된다.

그렇다 보니 제조사 사장님들은 나만 보면 제품 개발에 대한 조언이나 제품 판매 방법에 대해 많이 질문한다. 현재 운영 중인 회사도 이런 제조사 제품의 브랜딩과 마케팅에 참여하는 비즈니스를 주 업무로 하고 있다.

제조 판매는 제조사와 직접 연계한 B2C(Business to Consumer, 기업과 소비자 간의 거래) 구조라 중간 마진에 대한 거품이 사라지고 서로의 이윤이 극대화된다. 이것이 제조 판매의 의미이자 가장 큰 장점이다. 하지만 다시 한번 강조하고 싶은 부분은 제조 판매는 판매하는 제품과 그 시장에 대한 이해도가 높아야 한다는 것이다. 그래야 실패 확률을 줄일 수 있다.

가장 중요한 건 제조사와의 신뢰

물건을 공급하는 제조사와 거래할 때 가장 중요한 부분은 신뢰다. 어린 나이에 사업을 시작한 나는 이른바 '장사 빠꼼이'(어떤 일에 있어 모르는 것 없이 훤한 사람) 사장님들로부터 안 좋은 경험을 많이 겪었다.

제품의 디자인 시안을 잡고 패턴 작업까지 해서 제작 의뢰를 맡겼다.

며칠 지나 진행 상황을 물어보니 말도 안 되는 답변이 돌아왔다. 직원들의 임금을 해결하지 못해 봉제를 하지 못했다는 변명이었다. 그러면서 오히려 나에게 생산 비용 전부를 선결제해달라고 강요했다.

'지금도 생산을 안 해주는데 돈을 준다고 바로 생산할까?'라는 생각이 들어 주저 없이 다른 봉제업체를 찾았다. 다른 업체에서는 바로 생산을 시작했지만 이전에 의뢰한 공장으로 인한 인적, 시간적 손해는 어디에서도 보상받을 수 없었다.

제품 소싱 형태 완벽 비교 분석!

제품 소싱은 라이브커머스를 하는 데 있어 정말 중요하다. 현재 소비자가 관심 있어 하는 상품을 팔아야 라이브커머스를 보러 오는 사람도 많아지고, 그에 따른 홍보 효과도 커지기 때문이다. 아래의 표를 통해 자신이 어떤 종류의 판매에 적합한지 파악해보고 어떤 방식으로 소싱할 것인지 생각해보자.

앞에서도 말했지만 위탁 판매를 통해 판매의 감을 익히고 사입 판매를 통해 자신 있는 분야의 판매 스킬을 익힌 후 제조 판매까지 도전해보는 순서를 추천한다.

구분	위탁 판매	사입 판매	제조 판매
업무 범위	– 자신의 스토어에 제품을 등록시키기만 하면 된다. – 검수, 포장, 발송, 환불 등은 위탁 판매업체가 진행한다. – 유행하는 제품을 빠르게 캐치하는 눈과 마케팅 능력만 있으면 된다.	– 사입, 검수, 포장, 택배 과정을 모두 판매자가 맡아서 한다. – 마케팅 프로모션도 직접 기획한다.	– 제품 기획과 개발, 제조사 선정, 제품과 포장 디자인까지 모든 제작 과정에 참여한다. – 판매의 모든 활동을 포함한다.
비용	– 사입하지 않고 판매할 수 있기 때문에 초기 비용의 부담이 가장 적다.	– 초기에 사입 비용이 가장 크게 든다. – 창고와 배송 비용에 대한 부담이 크다.	– 제조사와의 계약금과 제품 개발 비용이 든다. – 재고 관리(창고), 배송 비용이 든다.

구분	위탁 판매	사입 판매	제조 판매
재고	– 판매 가능 수량을 파악할 수 없어 판매 가능한 재고를 파악하기 쉽지 않다.	– 내가 파는 물건을 직접 가지고 있기 때문에 재고 관리에 용이하다. – 3자 물류 시스템을 갖춘 대행업체에 맡길 수 있다.	– 제품 카테고리에 따라 다를 수 있지만, 수량이 부족하면 추가 제작을 통해 빠르게 재고를 늘릴 수 있다. – 제작비 절감을 위해 미리 많은 양을 제작해야 하는 경우도 있으니, 이때는 신중하게 고려해야 한다.
품질 관리	– 도매업체에서 바로 고객에게 발송되기 때문에 품질을 확인하기 힘들다.	– 내가 사입업체를 직접 정할 수 있으므로 품질을 확인하고 판매할 수 있다. – 포장과 검수를 직접하기 때문에 불량품을 미리 체크하고 뺄 수 있다.	– 제작에 참여하기 때문에 제품의 품질을 직접 결정할 수 있다. – 균일한 품질의 제품을 생산할 수 있는 제조사인지 확인해야 한다.
배송 /환불	– 출고지가 상품마다 달라 각각의 배송료가 붙기 때문에 소비자의 부담이 크다.	– 출고와 환불 처리를 직접 해야 한다. – 대행업체에 맡길 수 있으나 비용 부담이 커진다.	– 직접 진행하거나 대행업체에 맡길 수 있다. – 대행업체에 맡길 경우 초기 비용 부담이 커진다.
거래 업체	– 위탁 판매업체 : 운영 방침이나 주체에 따라 쇼핑몰, 폐쇄몰, 개인몰로 나뉜다.	– 도매업체 : 오래 거래한다면 신뢰가 쌓여 결제일을 유동적으로 정하거나 할인폭을 높이는 등의 혜택을 얻을 수 있다.	– 제조사 : 뛰어난 제조 능력을 갖춘 제조사를 찾는 것이 중요하다.

구분	위탁 판매	사입 판매	제조 판매
차별화 전략	– 누구나 쉽게 접근할 수 있으므로 차별화 전략을 세우기가 쉽지 않다. – 판매 제품을 바꾸는 데 부담이 없기 때문에 트렌드에 민감하게 반응할 수 있다. – 기존에 판매하고 있는 스토어를 통해 시장성을 정확히 파악한 후 판매에 뛰어들 수 있다. 따라서 시행착오가 적다.	– 내가 사입한 비용에 따라 제품 가격을 정할 수 있어 시장 상황에 따라 가격 경쟁력을 확보할 수 있다. – 미리 일정량의 재품을 사입해두기 때문에 수요 급등이나 급락에 빠르게 대응하기 쉽지 않다. – 판매 제품 구성을 변화시키기 힘들다.	– 시장에 나온 제품과 차별화되는 제품을 직접 만들어 제품 자체의 경쟁력을 확보할 수 있다. – 초기 비용이 많이 들기 때문에 판매 제품을 바꾸기가 쉽지 않다. – 위탁이나 사입과 달리 제조는 처음 나오는 제품을 파는 것이므로 시장과 제품에 대한 이해도가 높아야 한다.

CHAPTER 8

구매력 끌어올리는
최강의 홍보·마케팅

매출이 따라붙는
키워드 추출하기

앞서 이야기했듯 진입장벽이 낮고 내 제품으로 라이브커머스를 자유롭게 활용할 수 있는 곳이 바로 네이버. 따라서 기본적으로 내 스마트스토어의 매출을 늘려야 한다. 제품을 소싱해서 팔아야 하는데 마케팅 비용을 들여 따로 홍보하지 않는 이상 매출을 큰 폭으로 늘릴 방법이 없다.

이때 네이버 스마트스토어의 장점을 활용할 수 있다. 적합한 키워드만 추출하면 상품 판매에 큰 도움을 받을 수 있다. 사실 나도 스마트스토어와 깊은 인연이 없기 때문에 이에 대한 이해도가 낮은 편이었다. 하지만 계속 공부하고 활용하면서 키워드 작업과 친해졌다. 아니 친해져야만 했다. 그래야 매출액을 늘릴 수 있기 때문이다.

라이브커머스든 키워드 작업이든 소싱이든 생소한 단어도 많고 복잡해 보일 수 있다. 하지만 한두 번 사용하고 경험하다 보면 금방 익힐 수 있으니 절대 포기하지 말자.

검색에 잘 걸리는 핵심 키워드를 찾아라

스마트스토어는 기본적으로 키워드 싸움이다. 다른 사람과 같은 상품을 판매할 때 어떻게 우위를 선점할지 끊임없이 고민해야 한다. 네이버도 마찬가지다. 스마트스토어 상위 검색 목록에 어떤 상품을 노출할지 고민할 수밖에 없다. 따라서 우리는 먼저 상품명과 키워드의 상관관계를 알 필요가 있다.

상품명은 어느 정도 정해져 있어 특별히 달라질 게 없다. 하지만 상품과 연관된 키워드는 변동성이 높다. 특정 상품을 구입하기 위해 고객이 어떤 키워드로 검색하는지 알아내야 한다. 그리고 여러 키워드의 조회 수를 순위별로 정리해야 한다. 조회 수는 많지만 경쟁률은 적은 키워드를 추출하는 것이 우리의 목표다.

얼핏 쉬워 보이지만 실제로 해보면 막막하다. 이럴 땐 프로그램의 도움을 받는 것도 방법이다. 여러 프로그램이 있지만 그중 라이브커머스와 스마트스토어를 막 시작한 이들이 쉽게 할 수 있는 프로그램을 하나 정해 사용법을 설명하겠다.

검색어 추출 프로그램 활용법

삼겹살과 불판을 팔던 지인이 2017년 어느 날 스마트스토어를 운영하겠다고 말했다. 그때까지만 해도 스마트스토어(당시 스토어팜)에 대한 이해도가 높지 않았던 나는 의구심을 품었다. 우려와 달리 현재 그는 본인 명의의 스토어에서만 월 1억 원의 매출을 올리고 있으며, 위탁 판매와 공동 관리 계정을 포함해 수십 개의 계정을 관리하는 스마트스토어 시장의 거장이 됐다.

그는 자신의 노하우를 살려 스마트스토어 상위 노출을 도와주는 검색어 추출 프로그램을 만들었다. 이 프로그램을 접했을 때 다른 프로그램에서 수정되었으면 하는 부분이 모두 반영되어 있다는 걸 알았다. 이후 나는 스마트스토어를 운영하는 사람들에게 이 프로그램을 적극 추천한다.

셀러랩스 프로그램의 가장 큰 장점은 초보자가 이해하고 사용하기 쉽게 매뉴얼이 잘 정돈되어 있다는 것이다. 원스톱 시스템이라 내가 판매하고자 하는 아이템을 발굴하고, 상품명을 정하고, 마케팅과 검색어 순위 관리까지 모두 하나의 프로그램으로 관리할 수 있다.

여러 가지 기능을 추가해 유료화할 예정이지만 2021년 4월 현재까지 무료로 이용할 수 있다는 것도 장점이다. 키워드 검색 추출 프로그램은 많이 있으므로 먼저 이처럼 무료 프로그램을 통해 사용법을 익혀놓으면 다른 프로그램을 사용하는 데도 도움이 될 것이다.

먼저 셀러랩스(sellerlabs.co.kr) 사이트에 접속한다. [아이템 PICK] 메뉴에서 나의 관심 카테고리 중 원하는 아이템을 설정하면 구매자들의 월별 조회 수와 타사 경쟁률, 키워드 광고 단가까지 한 번에 추출할 수 있다.

그뿐 아니라 블로그에서 해당 아이템의 연관 키워드가 노출된 횟수도 확인할 수 있다. 우리나라 소비자는 네이버 검색에 의존해 구매하는 비율이 상당히 높다. 그중 블로그 상품평을 보고 구매를 결정하는 사람도 많기 때문에 블로그에서의 노출량을 알면 제품을 판매할 때 도움이 된다. 이 자료들을 통해 내가 판매할 상품을 선택한다.

다음은 [네이버] 메뉴로 이동해 홍보와 마케팅에 활용할 자료를 얻는다. [키워드검색]에서 아이템과 관련된 연관 검색어와 검색 수를 추출할 수 있다. [키워드분석]을 통해서는 월간 검색량과 키워드를 조회하는 고객 계정의 성별과 연령대 등을 파악할 수 있다. [스마트스토어 추천키워드]에서는 내가 설정한 상품이 스마트스토어에 잘 노출될 수 있도록 최적화된 추천 키워드를 제공한다.

그렇게 등록된 내 아이템의 위치가 네이버쇼핑 페이지에서 어디에 있는지 확인 가능한 [스마트스토어 순위검색] 기능도 있어 시간과 비용을

아낄 수 있다. 사실 이 위치를 찾아내는 게 중요한 이유는 따로 있다. 내 상품의 노출 위치에 따라 그에 맞는 마케팅 방법과 비용 책정을 하기 때문이다. 결론적으로 무분별한 비용 지출을 줄일 수 있는 핵심 기능이다.

그리고 순이익 산출을 도와주는 [마진계산기] 기능도 있다. 제품 판매를 하다 보면 빠르게 마진(순이익) 계산을 해야 할 때가 있는데 매입가, 판매가, 배송비, 기타 비용(포장비, 창고비, 광고비 등), 마켓수수료 등을 입력하면 정산금액과 마진을 계산해준다. 나는 상품을 소싱할 때 가격 협상에 앞서 이 프로그램으로 순이익을 체크한 후 미팅에 참석한다.

이후에는 네이버 스마트스토어와 비슷한 방법으로 쿠팡에서의 키워드 추천 및 순위 검색, 티몬과 위메프의 키워드 순위 검색, 인스타그램이나 유튜브와 같은 SNS 월간 검색 수 기능도 제공할 예정이라고 한다.

대개 처음 사업하는 사람은 홍보 비용에 대한 부담이 크다. 눈으로 보이는 결과를 얻기가 쉽지 않기 때문이다. 하지만 분명히 말하건대 정보화

시대에 아무런 정보를 깔아두지 않고 내 물건이 잘 판매되길 기대하는 건 무모한 짓이다.

이를 잘 알고 있기에 나는 전문 분야가 다른 세 곳의 마케팅 회사와 협업하며 사업을 꾸려가고 있다. 비용이 들어가지만 당연한 일이라고 생각한다. 시간이든 비용이든 투자하지 않고서는 원하는 결과를 얻을 수 없다.

 TIP **키워드 추출을 마케팅 대행업체에 맡기면 어떨까?**

현재 운영하고 있는 쇼핑몰에 새로운 상품을 입점하면서 마케팅업체에 키워드 추출 및 적용을 맡겼던 적이 있다. 처음 받은 견적은 430만 원이었다. 추천받은 키워드 중에서 선택적으로 운영했을 때의 실제 비용은 200만 원 정도였으나, 이 금액 또한 부담스럽다고 생각할 수 있다. 하지만 200만 원을 투자해 600만 원을 벌 수 있다면 하지 않을 이유가 없다. 물론 앞에서 언급한 무료 키워드 추출 프로그램을 활용하면 시간은 들더라도 비용은 아낄 수 있다.

스마트한
홍보 전략

키워드 검색을 통해 판매량을 늘리는 건 무료로도 가능하다. 그러나 일정 수준을 넘어 폭발적으로 매출을 끌어올리려면 또 다른 마케팅 수단을 활용해야 한다. 특히 스마트스토어에 존재하는 고객을 라이브커머스로 옮기는 작업이 필요하다.

이는 두 가지 방법으로 접근할 수 있다. 내가 운영하는 스마트스토어 브랜드 또는 쇼핑몰 브랜드를 홍보하거나 판매하는 상품을 홍보하는 방법이다. 사실 두 가지 모두 하면 좋겠지만 효율성을 따져보면 들어가는 비용과 시간 대비 큰 성과를 얻지 못할 수 있다.

마케팅은 방대한 분야이므로 여기서는 몇 가지 마케팅 방법을 소개하고, 각각의 방법을 어떻게 활용해야 라이브커머스에서 효과를 극대화시킬 수 있는지에 초점을 맞추어 설명하겠다.

바이럴 마케팅, 꼭 해야 할까?

바이럴 마케팅을 하는 이유는 뭘까? 내가 현재 마케팅 작업을 준비 중인 종합 비타민으로 예를 들어보겠다. A라는 종합 비타민을 소싱해 종합몰인 '핫템라이브' 스마트스토어에 입점했다고 가정해보자. 입점 후 라이브커머스를 진행했는데 구매가 이루어지지 않는다. 원인은 무엇일까?

　종합 비타민 A는 새로 출시한 브랜드라서 구글이나 네이버를 검색해도 제품 정보를 찾을 수 없다. 즉 리뷰가 없어 누가 먹으면 좋을지, 맛은 어떤지, 단점은 뭔지, 부작용은 없는지 등을 알 수가 없다. 라이브커머스 방송에서 이것저것 장점을 이야기하더라도 그에 대한 신뢰를 주기 힘들다는 의미다. 그래서 사전 홍보 활동이 필요하다. 그 기반이 바로 바이럴 마케팅이다.

　흔히 이야기하는 '네이버 지식인 상위 노출'도 바이럴 마케팅에 포함된다. 이것은 굳이 설명하지 않아도 단어 자체만으로도 이해가 될 것이다. 그뿐 아니라 블로그 체험단을 모집하는 방법, 관련 분야의 파워 블로거를 섭외해 상품을 제공하고 리뷰를 요청하는 방법, 네이버 카페와 커뮤니티를 통해 제품을 홍보하는 방법 등도 있다.

　요즘은 SNS를 통한 바이럴 마케팅도 활발하게 이루어진다. 인스타그램과 페이스북 등이 대표적인 사례다. 알고리즘과 빅데이터를 활용해 타깃 고객에게 노출하고 그에 따른 광고 효과를 얻는 방법이다. 평소에 관심 있던 분야의 광고를 접하면 관심도가 높아지고, 더 알고 싶은 사람은 다시 네이버 검색 등을 통해 상세 정보를 습득한다.

사실 종합 비타민은 SNS에 5~10초짜리 광고 영상이나 사진을 올려 홍보한들 직접 구매가 일어날 가능성은 매우 희박하다. 물론 SNS 마케팅만으로 효과를 볼 수 있는 상품도 있다. 지금은 기본적인 마케팅 플로우를 설명하기 위해 다양한 마케팅 방법을 알려주고 있지만, 마케팅 경험이 쌓이면 내 제품에 맞는 최상의 마케팅 방법을 찾을 수 있을 것이다.

바이럴 마케팅 외에도 지면 광고, 스폰서드 광고, 캠페인 광고, 모멘트 광고, GFA(Glad For Advertiser, 퍼포먼스 마케팅) 등이 있다. 여러 루트의 홍보 방법이 있으니 적절히 잘 배합해 활용해보자.

이처럼 복합적인 바이럴 마케팅을 끝내고 나면 라이브커머스 준비에 돌입한다. 이때는 고객도 판매자가 제공하는 상품 설명 외에 리뷰를 통한 정보를 수집해 구매 여부를 판단할 수 있는 상태가 된다.

바이럴 마케팅으로 유입된 고객을
라이브커머스로 끌어오는 법

한 가지 방법의 홍보나 마케팅으로 대박이 나서 제품이 잘 팔리는 경우는 극히 드물다. 대개 다양한 방법으로 진행한 마케팅 효과가 누적되고 시너지 효과를 내면서 판매 상승이라는 결과를 얻는다.

라이브커머스 역시 마케팅의 일종이기에 다른 마케팅과의 연계가 중요하다. 라이브커머스를 진행하기 전에 바이럴 마케팅을 통해 고객에게 상품에 대한 충분한 정보를 제공하고 관심을 유도했다면, 이제는 라이브커머스에 더 많은 시청자를 끌어들이기 위한 마케팅이 필요하다.

이에 대해서는 라이브커머스 진행에 가장 자유도가 높은 네이버 쇼핑라이브를 기준으로 설명하겠다.

네이버 쇼핑라이브는 스마트스토어를 기반으로 한다. 제품의 등록과 배송 정보, 등급 등의 기준이 스마트스토어와 연계되어 운영된다. 이때 스마트스토어에서 라이브커머스 홍보에 활용할 기능이 바로 '스토어찜'과 '소식받기'다. 스토어 찜하기는 인터넷 쇼핑몰의 '즐겨찾기'와 비슷한 개념으로 생각하면 쉽다. 네이버쇼핑에서 [쇼핑MY]로 들어와 [찜한 스토어]를 클릭하면 그동안 찜했던 스토어들의 목록을 볼 수 있다. 여기서 한

단계 더 발전된 기능이 소식받기다. 이 기능은 특히 자주 구입해야 하는 생필품 스토어에서 많이 활용된다. 교체 주기가 빠른 제품들 말이다.

판매자 입장에서 스토어 찜하기 기능은 굉장히 중요하다. 내 스토어에 대한 신뢰를 갖고 있는 고객을 파악할 수 있기 때문이다. 소식받기 기능은 고객에게 특별한 혜택을 줄 때 프로모션 용도로 활용하기 좋다.

특히 판매의 추진제 역할을 하는 라이브커머스는 평소보다 훨씬 더 좋은 조건으로 방송하는 경우가 대부분이기 때문에 방송 전에 최대한 많은 사람에게 알려야 효과적이다. 이때 이용하는 기능이 바로 소식받기다.

"엄청난 인기를 끈 종합 비타민 A가 파격적인 가격 할인으로 20○○년 ○○월 ○○일 오후 2시 네이버 쇼핑라이브를 통해 찾아옵니다!"

위와 같이 라이브커머스 방송을 진행하기 하루 전 또는 당일, 소식을

받는 고객에게 방송 링크와 함께 알림을 보낸다. 앞의 사진은 내가 운영하는 스마트스토어에서 2월 14일 발렌타인 시즌을 겨냥해 준비한 명품 선물세트 라이브커머스의 예고 화면이다. 이틀 전부터 스토어 소식 발송뿐 아니라 인스타그램 등의 SNS 계정 팔로어에게 이미지와 방송 링크를 전달했다. 기존 고객과 잠재 고객에게 방송을 알리고 링크를 복사한 메시지를 발송해 예고 페이지를 타고 고객이 유입될 수 있도록 홍보했다.

여기서 주목해야 할 것은 이 모든 것들이 스토어와 연계되어 있다는 사실이다. 그래서 스토어의 관리가 중요하고 양질의 라이브 방송이 중요하다. 라이브커머스의 목적은 판매 증진도 맞지만 기존 고객과 기타 불특정 다수의 고객에게 제품을 홍보하는 데 있다. 이 사실을 잊지 말자.

고객이 다시 찾는 스토어는 무엇이 다를까?

마케팅도 중요하지만 결국 고객이 다시 찾는 이유는 만족도다. 제품의 퀄리티, 가격, 서비스 등이 중요하다. 나의 경우 관심 있는 상품이나 인터넷 쇼핑몰을 즐겨찾기 해놓고 굳이 살 제품이 없더라도 어떤 제품들이 올라와 있나 방문할 때가 있다. 그때 생각지도 않게 좋은 제품을 발견하면 거리낌 없이 결제한다. 이미 그 인터넷 쇼핑몰에 대한 믿음이 있기 때문이다.

라이브커머스도 마찬가지다. 유입된 사람에게 제품에 대한 믿음을 주고 다른 어느 곳과 비교해도 더 좋은 조건을 찾을 수 없다는 인식을 심어주어야 한다. 요즘은 하나의 제품에 가격이 하나일 수 없다. 오프라인 매장에서의 가격, 자체 인터넷몰에서의 가격, 특가 가격, 행사 가격 등 너무 많은 가격이 설정되어 있다. 이러한 상황에서 고객은 가장 유리한 조건을 찾기 위해 검색하고 비교한다. 그런 똑똑한 소비자에게 라이브커머스가 만족스러운 구매 조건이라는 사실을 알려야 한다.

이때 조심해야 할 부분은 과장해선 안 된다는 것이다. 스마트스토어나 장사를 새롭게 시작하려는 이들에게 늘 강조하는 말이 있다. 바로 '솔직담백하라'는 말이다. 매출 욕심에 과도한 기교를 부리거나 무리한 시도를 하면 오래가지 못한다. 특히 솔직하지 못하면 요즘 소비자들은 금세 냉정하게 돌아선다. 마케팅과 기교는 분명 다르다. 이 두 가지를 절대 혼동하지 말자.

홈쇼핑 판매 전략
벤치마킹하기

라이브커머스 방송을 하기 전에 반드시 준비해야 할 게 있다. 세일즈 포인트를 정하고 전체적인 콘티를 짜는 것이다. 듣기만 해도 어려울 수 있다. 이럴 때 필요한 것이 벤치마킹이다. 라이브커머스는 판매를 목적으로 하기 때문에 오랜 시간 축적된 노하우가 있는 홈쇼핑을 벤치마킹하면 어렵지 않게 방송을 준비할 수 있다.

라이브커머스를 하는 업체 대부분은 경험이 많지 않다. 그러니 그냥 방송만 해도 어색하고 힘든데 제품 설명은 물론 직접 제품 시연까지 보여주어야 한다. 채팅창을 통해 고객과 소통하며 질문에 즉각적으로 대답도 해야 한다.

11/12 ○○○ 네이버 쇼핑라이브 라이브커머스 큐시트			
LIVE 판매가	세트 1.	판매가 359,000원 할인가 319,000원 N포인트 최대 9% 지급	*배송비 포함(택배배송 기준) *세부사항 네이버 스마트스토어 내 상품페이지 참고
	세트 2.	판매가 529,000원 할인가 479,000원 N포인트 최대 8% 지급	
	세트 3.	판매가 749,000원 할인가 679,000원 N포인트 최대 6% 지급	
	세트 4.	판매가 1,390,000원 할인가 1,150,000원 N포인트 최대 4% 지급	
방송 이벤트		라이브 방송 시청 중 구매하면 당일까지 추첨을 통해 1만원 할인 쿠폰 증정 (스마트스토어에서 사용 가능한 1만원 할인 쿠폰, 총 20명)	

순서	시간	내용	상세	출연자 및 소품
			출연: ○○○(쇼호스트), ○○○(쇼호스트), ○○○(크리에이터) LIVE 장소 및 시간	
1	11:00	인트로/오프닝 (2분)	오프닝 : 출연자 3명 인사 : 소품과 방송 현장을 활용해 방송 테마 설명	전체 출연자 3명
2	11:02	방송 현장 스케치 (3분)	방송할 브랜드 및 진열 상품 소개	쇼호스트 출연자 2명
3	11:05	LIVE 전체 판매 상품 및 구성 소개 이벤트 소개 (5분)	<○○○ 기획전> *네이버 검색 기준 역대 최저가 강조 *라이브 전용 1,000원 추가 할인 (전체 상품 가격과 구성 자세히 적을 것) * 이벤트: 라이브 방송 중 구매하면 당일 내 추첨을 통해 1만원 할인 쿠폰 20명 증정 (스마트스토어에서 사용 가능, 당첨자 공지 안내)	쇼호스트 출연자 2명 상품 실물 전체 DP POP 준비
4	11:10	세트 1 상품 상세 소개 (10분)	*진행자 ○○○가 게스트 ○○○ 소개 세트 1 상품 구성과 혜택 소개 개별 상품 설명	쇼호스트 ○○○, 게스트 ○○○ 세트 1 상품 준비
5	11:20	세트 2 상품 상세 소개 (10분)	세트 2 상품 구성과 혜택 소개 개별 상품 설명	쇼호스트 ○○○, 게스트 ○○○ 세트 2 상품 준비
6	11:30	세트 1, 세트 2 상품 및 가격 이벤트 재고지 (2분)	세트 1, 세트 2 상품 구성 및 가격, 이벤트 재고지 * 이벤트: 라이브 방송 중 구매하면 당일 내 추첨을 통해 1만원 할인 쿠폰 20명 증정 (스마트스토어에서 사용 가능, 당첨자 공지 안내)	쇼호스트 ○○○, 게스트 ○○○ POP 준비
7	11:32	브레이크 (3분)	*게스트 ○○○ out 전 브레이크 타임 (게스트의 제품 시연 등 게스트가 메인으로 방송 진행)	게스트 ○○○ 소품 준비

이때 전체적인 방송 구성을 미리 짜놓고 방송 내용에 맞춰 제품을 준비하면 어떨까? 경험이 부족해도 매끄러운 방송 진행이 가능하다. 특히 방송에 익숙하지 않은 상태에서 준비할 때의 막막함도 줄일 수 있다. 전체적인 콘티를 짜두면 필요한 소품이나 체크해야 할 사항도 미리 파악할 수 있기 때문이다.

실제 홈쇼핑에는 기본 콘티가 있다. 그중에서 변경되는 부분만 수정한 후 전체 방송의 흐름을 잡는다. 앞의 이미지는 라이브커머스 방송을 준비하면서 내가 직접 제작한 콘티의 일부다.

이미지 중 위쪽 표는 특가 가격과 방송 시 프로모션을 정리한 큐시트고, 아래쪽 표는 분 단위로 어떻게 이야기를 풀어 나갈지 적은 타임라인이다. 이렇게 전체 콘티를 짜놓으면 중간중간 어떤 프로모션을 적용할지 구상하며 시뮬레이션할 수 있다. 이제 방송 시간에 따라 어떻게 타임라인을 구성하면 좋을지 알아보자.

방송의 성공을 좌우하는 오프닝

첫 시작은 매우 중요하다. 시작을 어떻게 하는지에 따라 진행자의 이미지, 더 나아가 상품의 이미지와 방송 분위기가 한순간에 결정된다. 밝고 자신 있는 당찬 모습과 함께 자신이 판매하는 제품에 대한 이해도가 높다는 인상을 첫마디에 실어야 한다. 그 순간만큼은 내가 이 세상에서 가장 좋은 물건을 가장 좋은 조건에 판매한다는 마인드 컨트롤이 중요하다.

라이브커머스의 특성상 초반 유입되는 인원을 파악하면서 한 명 한 명 아이디를 호명하며 반겨주는 게 좋다. 그래야 빠져나가는 인원을 줄일 수 있고, 참여하는 고객이 많아야 나중에 접속하는 사람들도 시청자 수를 확인하고 궁금해하며 들어올 수 있다. 채팅창 반응 역시 초반 오프닝에 달려 있다.

처음에는 주의를 환기시키고 흥미를 끌기 위한 이야기를 꺼낸다. 이때 상품과 연관된 이야기를 하는 게 좋다. 너무 개인적인 이야기는 좋지 않다. 많은 시청자가 공감할 수 있는 이야기로 집중도를 높여야 한다. 라이브커머스는 여러 채널이 동시에 운영되기 때문에 한 번 빠져나간 시청자를 다시 불러들이기가 쉽지 않다. 이 점을 꼭 명심하자.

소구점은 디테일하게 전달하라

소구점은 판매를 목적으로 소비자에게 호소하는 내용으로, 쉽게 말해 제품의 장점이다. 홈쇼핑의 설명 방식은 '난 한 놈만 팬다'다. 10가지 장점이 있더라도 모두 설명하지 않는다. 적으면 1~2개, 많아야 3~4가지 포인트를 넘지 않는다.

왜 그럴까? 홈쇼핑의 매출 발생 포인트는 '재핑'(Zapping, TV를 시청할 때 채널을 이리저리 돌리는 일)이기 때문이다. 채널을 돌리다 무심결에 머무는 채널이 홈쇼핑이다. 초반 5초 안에 시선을 잡고 5분 안에 모든 설명을 마치지 못하면 설득에 실패한다. 그래서 홈쇼핑은 제품의 장점을 함축적으로 표현해야 한다. 함축한 표현을 한 시간 동안 3~4회 정도 계속 설명하는 패턴이다. 그 틀에서 벗어나면 매출 저하가 바로 나타난다.

하지만 라이브커머스는 다르다. 홈쇼핑은 진행자가 나오는 시간이 얼마 되지 않는다. 제품과 영상 자료에 초점을 맞춘다. 하지만 라이브커머스는 홈쇼핑이 짜놓은 틀에서 완전히 벗어나 있다. 한 시간 내내 진행자에게만 집중된다. 장단점이 있지만 홈쇼핑에서 하지 못했던 10가지 장점을 모두 표현하고 설명할 시간이 충분하다. 홈쇼핑보다 더욱 디테일하게 제품에 파고들어 이야기할 수 있다.

그리고 가장 큰 차이점은 양방향 소통이다. 진행자가 전달하는 정보를 고객이 바로 검색해 의문이 생기면 즉각적으로 질문하고 해답을 얻을 수 있다. 이것이 홈쇼핑과 다른 점이다. 내가 판매하는 상품에 대한 정보를 더 깊이 있게 숙지해야 하는 이유도 여기에 있다. 홈쇼핑은 진행자가 카메라를 향해 한 방향으로 소통하지만(물론 최근 홈쇼핑에서는 생방송에서 메시지를 받고 제한적인 양방향 소통을 진행하기도 한다), 라이브커머스는 잘못된 정보에 대해 바로 지적이 나올 수 있다. 진행 방식은 자유롭지만 상품에 대한 장단점과 특징을 더욱 깊이 있게 숙지해야 한다. 그렇지 않을 경우 시청자에게 호되게 혼날 수 있다.

고객의 망설임을 구매로 연결시키는 클로징

클로징에서는 앞서 나열한 장점을 짧게 되짚어주고, 지금 사야 하는 이유에 대해 명백한 확신을 줘야 한다. 가격이든 시즌이든 어떤 요인이라도 쇼핑에 대한 합당한 명분을 만들어줘야 시청자가 움직인다. 여기까지 하면 완벽한 방송이 완성된다.

사실 위의 내용은 홈쇼핑에서 쇼호스트를 처음 교육할 때 사용하는 가장 기초적인 내용이다. 왜 판매하고, 무엇이 장점이고, 이것으로 얻을 수 있는 기대 효과는 무엇이며, 왜 지금이 이 상품을 사야 할 타이밍인지 고객에게 가장 잘 전달할 수 있는 포맷이다. 이 내용을 소개하는 이유는 이것이 세일즈 포인트의 기본이기 때문이다.

물론 이 모든 구성을 라이브커머스에 그대로 적용하기에는 무리가 있다. 하지만 기본에 충실해서 나쁠 건 없다. 전체적인 맥락을 이해하고 내가 진행하는 상품에 어떻게 적용하면 좋을지 생각해보자.

채팅창을 활용해 고객과 소통하는 법

양방향 소통이 무엇보다 중요한 라이브커머스에서 채팅창의 역할은 매우 중
요하다. 재미를 주고 정확한 정보를 전달하기 위해서는 채팅창을 잘 활용해
야 한다.

아래에 있는 네이버 쇼핑라이브 방송 화면 사진을 보자. 라이브커머스를
시청하고 있는 고객들이 채팅에 참여하면 방송 화면의 왼쪽 하단에 흰색 글
씨로 올라온다. 채팅창에서 고객들은 진행자의 말에 반응하고 질문하며 서로
의 의견을 나눈다.

만약 시청자가 많은데도 채팅창에 아무 말도 올라오지 않는다면 채팅에 적

극적으로 참여할 수 있도록 미끼를 던져야 한다. 질문하는 사람에게 깜짝 이벤트를 해주거나 방송에 적극적으로 참여하는 고객에 한해 선물을 주는 식으로 말이다. 라이브커머스는 제품을 많이 판매하는 것도 중요하지만, 어떻게 소비자와 소통하는가도 매우 중요한 부분이기 때문이다.

노란색과 파란색으로 된 글은 관리자가 쓰는 글이다. 통상적으로 관리자는 방송하는 제품의 소속 직원인 경우가 대부분이다. 특별히 설명하기 어려운 상품이 아니라면 그들의 역할은 크지 않다. 하지만 특별한 기술력과 배합 성분, 공정 등 전문적인 지식을 바탕으로 설명해야 하는 상품의 경우 관리자 참여는 필수다. 진행자가 아무리 많은 공부를 해도 직접 만든 사람만큼의 지식을 갖추기는 힘들기 때문이다. 사실 짧은 시간 안에 제품 정보를 숙지하다 보면 놓치는 부분들도 생긴다. 그래서 나의 경우 미처 준비하지 못한 부분을 고객이 질문하면 아주 자연스럽게 채팅창의 관리자에게 답변을 요구한다. 모르는 질문을 한다고 해서 너무 당황할 필요는 없다. 누구나 완벽할 순 없다.

한 방송에 관리자는 최대 3명까지 초대할 수 있다. 대개 업무별로 담당자가 참여해 자신의 업무에 해당하는 질문을 하면 즉각 대답한다. 방송 중 진행된 이벤트에서 당첨된 시청자들의 리스트를 챙기는 일도 그들의 역할이다. 선물 오배송이나 중복으로 발송되는 일을 방지하는 것은 라이브커머스에서 매우 중요하기 때문이다.

CHAPTER 9

라이브커머스 성공의 핵심!
세일즈 어드바이스

어떤 제품을
팔아야 하는가?

앞서 설명했듯 제품 소싱은 매우 중요하다. 그런데 좋은 제품을 '아무 때나' 판매한다고 항상 판매가 잘 될까? 제품마다 성수기가 있지 않을까? 참으로 신기한 게 사람들의 소비 패턴은 꽤 일정하다. 10년 이상 홈쇼핑 매출 기록을 보며 느낀 부분이다.

홈쇼핑이 크게 성장한 배경에는 바로 이 데이터가 있다. 분 단위로 매출을 기록하는 홈쇼핑은 어떤 시간, 어떤 요일, 한 달 중 며칠, 한 해에 어느 달에 어떤 제품이 잘 팔리는지 알고 있다. 그것은 꽤 체계적으로 시스템화되어 있고, 기계적으로 운영된다. 심지어 그날 날씨에 따라 상품 편성을 바꾸기도 한다. 마치 약속이나 한 듯 해당 시즌이 되면 모든 홈쇼핑이 일사불란하게 같은 제품을 판매한다.

대형 홈쇼핑이 시간대별 혹은 계절별로 어떤 제품을 파는지 안다면 판매 제품을 결정하거나 라이브커머스를 진행할 때 도움이 될 것이다. 우선 시간대별로 어떤 아이템을 공략하면 좋을지 알아보자.

기억하라! 시간대별 아이템 선정 전략

홈쇼핑은 흔히 '1분, 1초의 싸움'이라고 이야기한다. 그렇기 때문에 시간대별로 가장 효율적인 상품을 운영하는 것이 무엇보다 중요하다. 50대 주부가 주로 시청하는 시간대에 20~30대가 좋아할 의류 상품을 진행하면 당연히 효율이 떨어질 수밖에 없다. 홈쇼핑은 약 20년의 역사를 통해 연령대별, 요일별, 특정일별, 시간대별 상품 판매율에 대한 광범위한 데이터를 확보했다. 여기서는 오전, 오후, 저녁, 새벽 시간대별로 이 데이터를 어떻게 활용하는지 설명해보겠다.

오전 6~10시: 50~70대를 공략하는 시간

홈쇼핑에서 오전이라 하면 통상적으로 아침 6시 이후를 말한다. 이 시간이 홈쇼핑의 생방송 시작 시간이다. 아침 6시에 시작하는 방송을 흔히 '첫 방'이라 부르고 그다음 방송을 '둘 방'이라 부른다. 새벽 2~6시까지 대부분의 홈쇼핑은 재방송을 방영한다. 아무래도 모든 인원이 재정비하고 최소한의 쉴 시간이 필요하기 때문이다. 그리고 무엇보다 그 시간대 매출은 투입되는 인력 대비 저조한 편이다.

　오전 시간의 메인 고객 연령층은 60대 〉 50대 〉 70대 순이다. 새벽잠이 많지 않은 고객은 일어나자마자 TV를 켠다. 시청하는 연령층에 맞게 이 시간대 잘 팔리는 제품은 건강기능식품을 포함한 식품군이다. 그 뒤를 의류가 잇는다. 홍삼, 수삼, 사골, 콜라겐 등 뭔가 쌀쌀한 아침을 따뜻하게 데워주는 건강기능식품이 많다. 건강에 대한 관심이 높은 연령층이기 때문에 건강기능식품의 인기도 많다.

　의외로 의류에 대한 수요도 많은 편이다. 여름엔 시원한 모시 속옷이나 인견과 같은 홈웨어에 대한 수요가 많다. 겨울엔 내복, 방한화, 본딩바지, 두터운 아우터에 걸쳐 수요가 많다. 디자인은 트렌디한 느낌보다 정갈하고 클래식한 의류가 잘 팔린다. 시기에 따라 운동복, 등산복의 인기도 많은 편이다.

오전 11시~오후 7시: 주부의 마음을 훔쳐라

　남편이 출근하고 아이들이 등교하면 이제 주부들의 시간이다. 이 시간은 자유롭긴 하나 밀린 집안일을 해야 하기 때문에 진정한 자유 시간은 아니다.

　세탁기에 빨래를 넣고, 아침에 사용한 식기를 설거지하고, 진공청소기로 집 구석구석을 청소하고, 깨끗하게 걸레질까지 마친다. 집안일이 끝나면 어느새 아이들이 돌아오고 남편의 퇴근시간이 된다. 다시 저녁을 준비해야 한다. 정말 빡빡한 일정이다. 그런데 이때 조용한 환경에서 일하는 게 아니라 자연스럽게 TV를 틀어놓고 일을 한다. 방송을 귀로 들으며 집안일을 하는 것이다.

그럼 생각해보자. 위에 언급한 집안일을 할 때 만약 세탁기가 시원치 않다면? 세제가 다 떨어졌다면? 진공청소기의 흡입력이 떨어지고, 힘든 걸레질 대신 스팀청소기가 갖고 싶다면? 그래서 이 주부들만의 시간에는 각종 생활용품과 주방용품에 대한 수요가 많다. 오로지 혼자 TV를 독차지할 수 있는 유일한 시간이기 때문이다.

당연히 좋은 조건에 생활용품을 판매하면 만족스러운 결과가 나타날 확률이 높다. 청소기, 세탁기 같은 가전제품은 물론 블렌더나 믹서기, 냄비와 프라이팬, 칼, 도마와 같은 주방기기 등이 해당된다. 그리고 주부가 좋아할 만한 간편한 반찬거리도 방송하기 좋은 시간대다. 개별 소포장 된 반찬거리는 주부의 고된 일거리를 덜어줄 수 있기 때문이다.

오후 7~11시: 남성의 시선을 강탈하라

이 시간대 TV 리모컨의 주인공은 누구일까? 바로 퇴근한 직장인들이다. 퇴근하고 저녁 식사를 마친 후 일과를 정리하는 뉴스를 시청하거나 스포츠 혹은 드라마에 푹 빠지는 시간이다.

그렇다면 이 시간대에 많이 방송하는 제품은 무엇일까? 바로 가전제품이다. TV, 컴퓨터, 노트북, 핸드폰, 에어컨 등이 포함된다. 아무래도 전자기기에 대해 관심이 많은 남성이 가전제품을 구매할 가능성이 높다. 다른건 몰라도 기계라면 환장하는 남자들이 많기 때문이다.

그런데 세탁기나 냉장고는 어떨까? 사실 이 제품들은 여성의 안목이 더 뛰어날 수 있다. 하지만 고가 제품이다 보니 부부간 협의와 동의가 필요하다. 둘이 함께 있는 시간에 방송해야 구매 결정 시간을 대폭 줄일 수 있다. 이와 같은 논리로 가구 역시 고가 상품이고 디자인에 대한 호불호가 있을 수 있기 때문에 부부가 함께 있는 시간에 주로 방송한다.

그리고 또 한 가지 남성의 시선을 잡는 품목이 있다. 바로 렌터카와 안마의자다. 자동차와 안마의자는 남성의 로망이다. 하지만 아무래도 고가 상품이다 보니 직접 구매보다 좋은 가격의 장기 할부나 렌털 방송에 관심이 쏠릴 수밖에 없다. 큰 비용을 들이지 않고 자신의 로망을 이룰 수 있기 때문이다. 대부분의 방송 시간은 밤 9시~11시 정도에 편성한다. 잠들기 직전 남성의 시선을 잡기 위한 노력이다.

오후 11시~새벽 2시: 20~30대가 열광하는 아이템으로 공략하라

이 시간대는 대부분 자녀가 리모컨을 장악한다. 혹은 잠들기 싫은 20대와 30대 정도다. 이미 오전 6시부터 일어나신 할머니 할아버지는 꿈나라로 여행 중일 시간이다.

이 시간대 인기 상품은 여행, 잡화, 간식, 소형 가전기기 등이다. 특히 욜로족의 등장으로 짧은 휴일을 이용해 방문하기 좋은 가까운 나라나 국내 여행에 대한 수요가 많아졌다. 비행기로 5시간 이내 여행지가 적합하다. 중국, 일본, 동남아, 제주도 등이다. 국내 호텔 패키지도 인기가 많은 편이다. 아무래도 홈쇼핑의 혜택이 여러 다른 채널을 통해 알아본 가격보다 저렴하기 때문이다. 특히 여행의 경우 당장 선택할 필요 없이 충분히 상담한 후 결정할 수 있기 때문에 고객의 부담이 크지 않다.

그리고 20~30대가 열광하는 트렌디한 아이템도 인기가 많다. 분명

40~50대 이상이 즐기는 브랜드와 20~30대가 원하는 브랜드는 다르다. 몇몇 메이저 홈쇼핑이 이 시간대 고객을 타깃으로 젊은 층을 겨냥한 특별 아이템을 선별하고 특집 프로그램을 제작해 좋은 성과를 거두고 있다. 젊은 층이 좋아할 만한 간식거리 혹은 간식을 만들 수 있는 미니 토스터, 에어프라이기 등이 해당된다. 특히 디자인에 큰 매력을 느낄 수 있어야 한다는 점이 주요 포인트다. 1~2인 가정에 맞춘 구성도 선보이기 좋은 시간대다.

식품, 시각과 청각을
사로잡아라

식품은 맛이 가장 중요하다. 맛은 시각과 후각에 민감하다. 특히 후각을 통해 느끼는 부분이 많기 때문에 홈쇼핑에서 맛을 보여주기란 여간 어려운 일이 아니다. 그래서 쇼호스트들 사이에선 식품 방송이 가장 쉬우면서 어렵다고 평한다. 맛을 언어로 혹은 영혼을 담은 표정으로 전달해야 하기 때문이다.

그리고 사전 작업도 많이 필요하다. 전문 푸드코디네이터를 섭외해 가장 맛있어 보이는 빛깔과 모양을 만들어야 한다. 또 조명과 다양한 카메라 앵글로 먹음직스러워 보이는 비주얼을 찾아내야 한다. 여기까지 준비가 되면 쇼호스트의 설명과 차진 맛 표현이 곁들여지고 미간에서 나타나는 진실성 있는 감탄사가 더해진다. 식욕을 돋우는 씹는 소리를 잘 잡아내기 위해 오디오 감독의 귀와 손은 더욱 예민해진다. 이 모든 게 더해져 소비자의 구매욕을 높인다.

이제 눈치챘을 것이다. 왜 늦은 밤 홈쇼핑을 보며 자연스럽게 수화기를 드는지. 식품 한 가지를 판매하기 위해 각 분야의 전문가 수십여 명이 모여 방송을 준비하기 때문이다. 소리, 비주얼, 표현, 색감, 채도, 카메라 앵글 전문가가 총출동한다. 그러니 혼자 외로이 방에 앉아 TV를 보는 시청자는 참지 못해 주문할 수밖에 없다.

특정 공휴일과 계절에 소비자가 원하는 음식은?

식품의 구매 시기는 매우 명확하다. 특정 공휴일이나 계절에 따라 구매 물품의 변동성이 큰 카테고리다. 일단 설, 추석과 같은 명절에는 어떤 식품이 잘 팔릴까? 바로 갈비, 전, 한과, 과일 등이다. 그 시기에 필요한 식품들이다.

특히 갈비는 주부가 요리하기 가장 까다로운 음식 중 하나다. 시간과 정성, 솜씨, 비용 등에 대한 부담이 크다. 그래서 설이나 추석 1~2주 전에는 우리나라 모든 홈쇼핑에서 갈비 방송을 한다. 신기한 건 그래도 엄청난 양이 판매된다는 사실이다. 홈쇼핑에 근무하는 10여 년간 그 모습을 보며 대한민국의 모든 국민이 설과 추석에는 갈비만 먹는 것이 아닌가 하는 생각이 들 정도였다.

갈비 다음은 과일이다. 제수용이나 선물용으로 많이 구입한다. 일가친척이나 지인에게 선물할 때 가장 만만한 게 과일 아닌가. 그러나 밖에서 따로 구입하려면 무겁기도 하고 가격도 왠지 더 비싼 것 같다. 홈쇼핑은 지자체 등과 직접 계약을 맺고 방송하기 때문에 품질이나 가격 면에서 소비자에게 신뢰를 얻는다. 특히 명절을 앞둔 시기는 과일의 외형이 가장 중요한데, 홈쇼핑에선 가장 크고 튼실한 과일들이 준비된다.

시즌도 염두에 둔다. 보통 봄에는 입맛을 돋우는 봄나물이 가득한 푸릇푸릇한 밥상에 초점을 맞춘다. 여름엔 입맛이 뚝 떨어지고 몸이 지치는 만큼 보양식이 빠질 수 없다. 장어, 삼계탕, 오리고기 판매가 하늘을 찌르는 시기다. 그리고 무더운 여름 장마철과 열대야에 잠을 못 이루는 시기엔 야식으로 먹기 좋은 물냉면과 비빔냉면이 효자 상품이다. 찬바람이 불기 시작하는 가을에는 해산물이 인기가 좋다. 적정한 지방에 살이 가득 찬 해산물은 입맛을 돌게 한다. 겨울이 되면 입천장이 뜯겨 나가도 절대 포기 못 하는 겨울 특식이 많이 팔린다. 당연히 밥상에는 얼큰하고 뜨끈한 국물이 빠질 수 없다. 날씨가 추워 밥을 먹어도 속이 허전하고 조금만 공복이 와도 몸의 체온이 내려가 더 배고프다. 그래서 겨울에는 호떡, 붕어빵, 왕만두, 고구마, 어묵이 빠질 수 없다. 그렇다면 더 구체적으로 계절별로 어떤 상품을 판매하면 좋을까?

봄: 제철 채소

새싹이 돋아나는 봄에는 특히 파릇파릇한 봄나물이 맛있어 보인다. 냉이, 방풍나물, 두릅, 달래에 계란프라이 하나 올려 고추장에 비벼 먹는 한

끼는 누구도 참을 수 없는 식욕을 부른다. 아삭아삭하고 매콤하고 신선한 밥상이 필요한 때다. 또 봄이면 너도나도 건강식을 찾는다. 일 년 중 가장 건강한 식사를 하는 시기가 이때인 것 같다.

시기적으로 새로 시작하는 마음가짐에 따라 다이어트 식단을 찾는 사람도 많다. 내가 볼 땐 그냥 봄에 맛있는 채소를 많이 먹기 위한 하나의 핑계가 아닌가 싶다. 그렇다면 봄에 운영 가능한 상품은 어떤 게 있을까?

기본적으로 밀키트가 적합해 보인다. 곤드레 밥, 산채 비빔밥, 무청 시래기 비빔밥, 취나물 비빔밥 등 각종 봄나물로 구성된 밀키트를 유심히 보자. 거기에 함께 곁들일 강된장, 고추장, 된장찌개를 옵션으로 구성하면 풍성한 밥상 세트가 마련될 것이다.

여름: 보양식품

특히 남성들은 이 시기가 되면 몸에 기력이 쭉 빠지는 느낌을 받는다. 무기력해지고 주룩주룩 흐르는 땀 때문에 일상생활이 불편할 정도다. 차라리 그럴 바엔 땀을 확 빼는 음식으로 몸을 더 가볍게 만드는 게 낫겠다는 생각이 든다. 이때 가장 많이 찾는 음식이 바로 삼계탕이다. 초복, 중복, 말복에 삼계탕을 절대 빠트릴 수 없다. 여름 내내 몇 번을 먹어도 질리지 않는다. 먹고 나면 기운이 펄펄 난다.

여름 제철 음식인 장어도 이 시기의 별미로 찾는 이들이 많다. 소금구이나 양념구이에 채 썬 생강을 올리고 깻잎과 상추에 싸서 하염없이 입안으로 욱여넣으면 다음 날까지 배부른 착각이 들 정도로 든든한 음식이다.

이열치열 음식과 반대로 머리가 띵해질 만큼 짜릿한 시원함을 주는 음식을 찾는 사람도 많다. 바로 노래로도 유명한 '냉면~ 냉면~ 냉면~'이다. 종류도 다양하다. 새콤함이 일품인 동치미 냉면, 묵직한 목 넘김이 좋은 고기 육수 냉면, 뭔가 허전하지만 한 번 먹으면 멈출 수 없는 평양냉면, 시원함과 매콤함을 한 번에 맛볼 수 있는 비빔냉면, 씹는 맛이 일품인 코다리냉면 등이다. 종류가 많아 더 행복하다.

간간이 간식으로 먹는 냉국도 여름에 지친 입맛을 살려준다. 냉국에 국수를 넣어 먹어도 맛있다. 냉국 패키지 상품이나 콩국수로 먹을 수 있는 콩물 구성도 여름에는 괜찮은 아이템이다.

가을: 해산물

가을은 사람을 외롭게 만드는 계절이다. 왠지 모르게 쓸쓸한 바람도 불고 그 바람은 유독 나에게만 더 차게 느껴지는 것 같다. 한 해의 마지막을 준비해야 할 것 같은 느낌마저 든다. 그런데 희한하게도 입맛은 살아난다. 우울한 마음을 맛있는 음식으로 달래는 계절이 바로 가을이다.

특히 찬바람이 불면 수온이 내려가면서 물속에 있는 해산물의 지방층이 두툼해지고 살이 차오른다. 이때 해산물에는 딱 이 시기에만 느낄 수 있는 오묘하고 달큰한 맛이 있다. 해산물 본연의 맛을 느낄 수 있는 가장 적기다. 해산물 자체의 맛을 해치는 장 따위는 필요치 않다. 갈치, 삼치, 고등어, 전복, 게, 대하 등은 숟가락으로 푹푹 퍼먹어야 할 정도로 많은 살이 탱탱하게 차 있다. 다른 반찬 없이 해산물 하나만으로도 몇 끼를 먹을 수 있을 정도다. 구워 먹고 튀겨 먹고 지져 먹고 볶아 먹고 조려 먹을 만큼 조리법도 다양하다.

해산물은 홈쇼핑에서 절대 빼놓지 않고 방송하는 식품군이다. 라이브 커머스 운영자라면 완도 전복, 소래포구 게와 대하, 제주도 갈치 등으로 현장감 있는 방송을 준비해보길 추천한다.

겨울: 뜨끈한 간식

겨울 불패 음식들이 있다. 육개장, 갈비탕, 사골 국물이다. 다른 건 몰라도 이 3대장의 매출은 특히 겨울에 급격히 올라간다. 으슬으슬한 몸을 달랠 때는 역시 국물만 한 게 없다. 여기에 김장김치가 곁들여지면 일주일간 반찬 걱정은 하지 않아도 된다.

그리고 겨울에는 뭐니 뭐니 해도 고구마가 빠질 수 없다. 호박고구마의 찐득한 단맛도, 밤고구마의 목구멍 턱턱 막히는 맛도 다 좋다. 어차피 김치와 먹으면 술술 넘어간다. 어묵과 떡볶이는 원래 맛있지만 사계절 통틀어 겨울에 가장 맛있다. 붕어빵, 호떡도 빼놓을 수 없는 겨울 대표 음식이다. 자글자글 국물이 있는 전골이나 뜨끈한 국밥, 찌개 등도 밥상에서 자주 볼 수 있다.

겨울은 주식과 간식의 매출이 가장 도드라진다. 정말 대한민국 국민이 겨울에 추구하는 라이프스타일은 배부르고 등 따뜻한 것임이 틀림없다. 해남의 햇고구마, 각종 찌개류와 국, 여러 종류의 김치 등을 구성한다면 겨울철 식품 방송은 더 이상 준비할 것이 없다.

밀키트, "요리는 내가 할게! 넌 먹기만 해"

식품은 당연히 맛있어야 한다. 그래야 고객에게 외면당하지 않는다. 한 번 샀는데 맛이 없으면 다시 쳐다보지도 않는다. 약간의 고기 누린내, 비린내, 텁텁한 식감이 느껴진다면 그 상품은 대실패다.

식품을 구입할 때 맛도 중요하지만 간편함도 필수다. 그래서 요즘 인기 있는 상품이 밀키트와 레토르트 패킹 식품이다.

밀키트는 한 번 요리하려면 크게 장을 봐야 하는 재료들을 소포장해서 하나의 패키지로 모아놓은 상품이다. 예를 들면 해물탕, 부대찌개, 스파게티, 다이어트 샐러드 등이다.

레토르트 식품은 멸균 가공한 팩 안에 재료를 넣고 공기를 완전히 밀폐해 상온에 보관해도 되는 유통기한이 긴 음식을 말한다. 주로 탕, 국 종류가 많다. 육개장, 삼계탕, 미역국, 설렁탕 등이 대표적이다.

예전 조리 식품과 달리 요즘은 안에 들어가는 내용물도 상당히 충실한 편이다. 쉽게 말해 씹을 거리가 있는 큼지막한 건더기가 듬뿍 들어간 제품이 많다. 이제는 저녁거리로 레토르트 식품을 중탕해 식탁에 올리고 소분해서 파는 몇 가지 밑반찬만 식탁 위에 올리면 한 끼 식사를 15분 안에 뚝딱 차릴 수 있다.

다들 알지 않는가? 세상에서 가장 맛있는 음식은 남이 해준 음식이다. 그래서 식품 방송을 할 때는 풍부한 식감 표현과 맛있어하는 표정도 중요하지만, 무엇보다 이 상품을 사면 '당신의 할 일이 줄어들고 편하다'라는 점을 강조해야 한다. 중요한 세일즈 포인트다.

라이브커머스 방송 전 체크 포인트

식품 방송에서 가장 중요한 것은 타이밍이다. 그 시즌이나 때를 놓치면 매출이 급격히 떨어진다. 예를 들어 구정 연휴가 지나고 갈비 방송을 한다면 어떨까? 안 그래도 집집마다 남아 있는 갈비가 처치 곤란이라 고기는 쳐다보지도 않는다. 당연히 매출은 거의 10분의 1 토막이 날 것이다. 냉면을 찬바람 불기 시작하는 가을에 판매해도 마찬가지다. 식품은 날씨와 시기가 중요하다는 사실을 절대 잊어선 안 된다.

특정 공휴일을 겨냥한 방송을 준비할 때 중요한 또 한 가지는 바로 배송이다. 설에 먹어야 할 상품을 설 이후 배송하면 아무 의미가 없다. 엄청난 컴플레인과 독설에 시달릴 것이다. 더 나아가 떠난 고객은 다시 돌아오지 않을 것이다.

홈쇼핑과 라이브커머스는 방송 준비 시 차이점은 없을까? 당연히 있다. 홈쇼핑은 프로의 세계지만 라이브커머스는 아마추어의 세계다. 홈쇼핑은 1분 1초라도 잘못된 영상이 나가거나 쇼호스트가 칼질을 실수하고 음식을 엎는다면 엄청난 사고가 된다. 하지만 라이브커머스는 다르다. 칼질할 때 백종원처럼 착착 써는 것보다 투박한 칼질을 하더라도 맛있어 보이면 된다.

'나도 요리 못하는데 저 사람도 엄청 못하네. 나도 저 정도는 할 수 있겠어. 그래도 맛있어 보이네.'

이런 공감 포인트가 오히려 구매를 일으키는 데 큰 역할을 할 수 있다. 내가 항상 강조하는 부분으로, 자연스럽고 소박한 방송이 라이브커머스의 매력이다. 부담 가질 필요가 없다.

　다만 여기서 중요한 것은 과정은 서툴러도 만든 음식은 맛있어 보여야 한다는 점이다. 음식을 디스플레이할 때는 성의 있고 정갈하게 준비하자. 아무리 자연스러움을 추구하더라도 음식이 정갈해 보이지 않으면 맛 또한 형편없어 보인다. 신경 써야 할 부분은 신경 쓰자.

건강기능식품,
니즈를 파악하라

홈쇼핑에서 '방송의 꽃'이라 불리는 제품이 바로 건강기능식품이다. 고령화로 인해 우리나라 국민의 관심 1순위 카테고리다. 물론 수익률도 높다. 비단 국내뿐 아니라 해외에서도 관심을 많이 가지는 분야다.

그런데 우리가 이야기하는 방송의 꽃이 꼭 좋은 의미만은 아니다. 쇼호스트에게 건강기능식품은 아주 큰 가시가 돋친 장미와도 같다. 건강기능식품의 기능성을 알려주고 표현하는 데 심의가 따라붙기 때문이다. 이에 대해서도 뒤에서 자세히 설명하도록 하겠다.

사실 건강기능식품은 특별한 시즌이 있는 상품이 아니다. 시대의 흐름에 따라 고객의 니즈를 파악해야 하는 카테고리다.

"100세 시대에 30년을 끙끙 앓다가 죽을 건 아니잖아?"

우리는 100세 시대에 살고 있다. 화두는 당연히 건강이다. 건강 다 잃고 병치레하며 100세까지 사는 걸 원하는 사람은 많지 않을 것이다. 하지만 70세부터 아프기 시작하면 남은 30년을 병상에서 보낼 수도 있다. 미리 미리 건강 관리를 해야 하는 이유다.

이런 흐름에 맞춰 떠오른 산업이 있다. 바로 실버산업이다. 단순 100세 가 아닌 건강한 100세를 살기 위한 노력이 절실히 필요한 때다. 사람들은 눈 건강을 지키기 위해, 관절을 건강하게 유지하기 위해 각종 비타민을 섭취한다. 오장육부는 물론 이제는 피부를 위해서도 건강기능식품을 많 이 섭취한다. 이른바 '이너뷰티'(먹는 뷰티)다. 건강에 대한 사람의 욕심은 끝이 없다.

예전에는 어딘가 고장 나고 아파야만 건강에 신경 썼다면 이제는 미리 대비하는 사람들이 늘고 있다. 하루를 살아도 건강하게 사는 것이 100세 를 사는 것보다 더 중요해졌다. 이른바 안티에이징, 항산화 등 자연 유래 성분들로 이루어진 식품에 대한 니즈가 어느 때보다 많다. 젊음을 되찾는 건 바라지 않더라도 노화를 늦추고 싶어 하는 마음은 이제 남녀노소를 가 리지 않는다. 어찌 보면 건강해지기 위해서가 아니라 지키기 위해 혹은 노화를 미루기 위해 지푸라기라도 잡는 심정이랄까? 아침, 점심, 저녁으 로 건강기능식품을 챙겨 먹는다.

아침저녁으로 일교차가 커지는 간절기 시즌이 되면 면역력 향상에 도 움을 주는 홍삼 제품이 인기를 끈다. 그리고 수삼과 같은 원물을 찾는 이

들도 많아진다. 오래 끓인 향 좋은 수삼차에 꿀 한 스푼을 넣으면 디저트로 먹기도 좋다.

그에 반해 비타민이나 밀크시슬, 오메가3, 유산균 등은 시즌을 가리지 않고 스테디하게 판매되는 상품이다. 방송을 하려면 기본적으로 유산균과 비타민과 같은 기본 건강기능식품은 필수로 구성해놓아야 한다. 시즌에 따라 추가적인 구성을 운영하면 안정적인 수익구조를 창출할 수 있다.

뜨고 있는 건강기능식품들

이번에는 미래 시장을 한번 예측해보자. 현대인들이 갖고 있는 문제점을 생각하면 쉽게 답이 나온다. 불면증, 스트레스, 탈모, 치매 등이다. 요즘은 각종 스트레스로 인해 불면증에 시달리는 사람들이 많다. 그렇다 보니 평소 몸에 피로가 많이 쌓여 있는 상태다. 피곤한데 잠을 자지 못하니 항상 무기력하다. 결국 잠을 잘 자야 한다는 것을 알고 있지만 쉽지 않다.

예전에는 몸이 피로하면 자양 강장제나 비타민에 의존했지만, 요즘은 다른 양상을 보인다. 멜라토닌이나 발레리안과 같은 성분을 섭취해 깊은 잠에 들길 희망한다. 그래서 숙면과 관련된 건강기능식품이 계속 인기를 끌 것이다.

또 주목해야 할 성분은 비오틴이다. 이 성분은 탈모에 좋다. 쇼호스트들 사이에선 "머리털을 나게 하는 자가 차기 노벨상 수상자가 될 것이다."라는 말을 우스갯소리로 자주 한다. 그만큼 탈모에 대한 고민은 국내뿐 아니라 전 세계적인 이슈다.

비오틴은 모발을 나게 한다는 효과보다는 모질을 강하게 만드는 힘을 가진 성분이다. 그래서 탈모 증상이 나타나기 전부터 섭취하는 것이 효과를 보기에 좋다. 단 잊지 말아야 할 것은 비오틴을 먹는다고 해서 머리털이 난다는 보장은 없다. 항간에는 무릎에서 털이 나기 시작했다는 웃지 못할 이야기를 들은 적이 있다. 하지만 이는 나타날 수 있는 효과일 뿐 '반드시'가 아님을 유념하고 방송해야 한다.

다음은 우리나라 시장에서 급격히 성장하고 있는 치매 예방 성분이다. 은행잎과 양파 껍질에 많은 플라보노이드라는 성분을 함유한 건강기능식품의 판매율이 점점 높아지고 있다. 하지만 이 성분도 마찬가지다. 치매를 치료하는 성분이 아니라 뇌세포의 노화를 늦추는 성분이다. 이렇듯 사람들이 건강에서 어떤 부분을 걱정하는지 골몰히 생각해본다면 건강기능식품 분야의 시장 예측이 가능할 것이다.

"이걸 먹어도 안 빠지면 그냥 포기해. 마지막 기회야!"

일명 '안먹은걸로', '없었던일로'라는 다이어트 보조제 브랜드를 들어본 적이 있는가? 처음 이 브랜드를 접했을 때 이름을 참 잘 지었다고 생각했다. 무엇을 먹든 이 다이어트 보조제와 함께 먹으면 지금 먹은 것을 안 먹은 걸로 만들어준다, 없었던 일로 만들어주겠다는 콘셉트다. 다이어트 하는 사람이 치킨을 먹으면서 이 보조제를 먹는다면 자기합리화에 빠져 죄

책감에 시달리지 않고 음식을 맛있게 먹을 수 있을 것이다. 이렇게 해서라도 다이어트를 하고 싶어 하는 여성들이 많이 존재한다는 시대의 흐름을 반영한 제품이다.

"이번 인생은 다 틀렸어."라고 이야기하지만 정작 매일매일 다이어트 강박증에 시달리는 사람들을 많이 본다. 살을 빼기엔 세상에 맛있는 음식이 너무 많고 그 맛을 너무 잘 알기에 먹지 않을 수 없는 시대다. 스트레스도 많이 받다 보니 핑곗거리 삼아 달달하고 매콤한 음식에 손을 댄다. 떡볶이와 케이크가 대표적이다. 그러면서도 흰쌀밥 한 숟가락은 꼭 남기는 게 다이어트 하는 사람들의 심리다. 그런 행동이 내 몸에 대한 최소한의 예의고, 스스로를 위한 작은 위안이라는 것이다.

그런데 아무리 먹어도 괜찮다고 하니 기쁜 소식이 아닐 수 없다. 먹고 마시기만 해도 체지방이 분해되어 어제저녁에 먹은 지방 덩어리들이 내 몸에 흡수되지 않는 효과가 난다면? 어떤 맛이라도 먹을 것이다. 그런데 상큼한 레몬 향, 히비스커스 향이 난다. 안 마실 이유가 없다. 심지어 다이어트 커피도 존재한다. 그렇게 맛있는 음식을 배부르게 먹고 커피까지 디저트로 먹는데 다이어트가 된다. 마다할 사람이 있을까?

"맛있는 것을 먹는 것은 죄가 되지 않습니다. 하지만 그것만 먹는 것은 죄가 됩니다."

현직 쇼호스트들이 많이 사용하는 멘트 중 하나다. 이왕 먹은 거 안 좋은 것을 많이 먹었으니 중화될 수 있는 좋은 한 가지는 먹어야 하지 않겠느냐는 논리다. 충분히 납득할 만한 이야기다.

이렇듯 다이어트 시장도 앞으로는 무조건적인 금식이 아니라 먹어도 되는, 먹으면서 빼는 건강기능식품에 대한 인기가 더욱 높아질 것이다. '여성의 마음을 사로잡으면 부자가 될 수 있다'는 논리에 전적으로 동의한다. 홈쇼핑 소비자의 80% 정도가 여성이라는 사실을 알면 그 누구도 부인할 수 없을 것이다. 앞으로 상품을 기획할 때는 여성의 관점에서 고민하고 준비해야 한다. 그들의 고민을 해결해주면 많은 돈을 벌 수 있다.

라이브커머스 방송 전 체크 포인트

홈쇼핑 구조를 잘 모르는 사람들은 쇼호스트의 멘트가 엄청난 연구에 의해 탄생한 언어들이라는 사실을 잘 알아차리지 못한다. 쇼호스트는 제품의 효능이나 효과를 단정적으로 말하지 않으면서 상대에게 그런 생각이 들게 만드는 말을 구사한다. 이게 핵심 스킬이다.

이는 방송심의규정 때문이다. 사실 우리나라는 판매 규정이 꽤 엄격하다. 상식적인 표현인데도 쓰지 못하는 말들이 있다. 건강기능식품의 경우 임상시험 결과가 있어도 그 내용을 자세히 말하는 것을 지양하고 금지한다. 연구 결과와 다르게 효능이나 효과가 떨어질 수 있고, 그 효능과 효과에 개인차가 심하며, 건강을 유지하기 위한 수단인데 치료제로 비쳐질 수 있다는 우려 때문이다. 건강기능식품은 약이 아니기 때문에 소비자가 분명하게 건강 보조제라는 사실을 인지할 수 있게 설명해야 한다. 이를 확인하는 것이 건강기능식품의 표시·광고심의이며, 이를 토대로 방송심의규정이 정립되어 있다. 물론 방송심의규정에는 건강기능식품 말고 다른 분야에 대한 심의규정도 있다.

예를 들어보겠다.

"고객님, 이 홍삼을 드시면 우리 아이들이나 아침저녁 출퇴근하는 남편, 하루가 다르게 늙어가시는 부모님이 도움을 받을 수 있을 겁니다. 홍삼의 유효 사포닌 성분이 혈행 개선, 기억력 개선, 피로 개선, 항산화, 면역력 개선에 도움을 줄 수도 있습니다."

이렇게 얘기하면 고객은 '홍삼을 먹으면 몸속에 피가 잘 돌고 면역력이 생겨서 감기에도 안 걸리고, 피로도 사라지고 기억력도 좋아지는구나. 몸도 덜 늙을 것 같다'라고 생각할 것이다.

여기에 몇 가지 함정이 있다. 쇼호스트가 과연 고객이 생각하는 것처럼 완전한 효능·효과가 있다고 확정적으로 말을 했는가? 쇼호스트의 멘트를 다시 보면 그 어느 곳에도 단정적인 표현은 없다. 쇼호스트의 표현 중 '도움받을 수 있을 겁니다', '도움을 줄 수도 있습니다'에 집중하자. 정확히 말하면 이것은 효과가 있을 수도 있고, 없을 수도 있다는 의미다. 한 끗 차이지만 그렇다. 모든 음식과 건강기능식품에는 개인차가 존재하기 때문에 단정적인 표현을 쓰지 말 것. 이것이 심의규정을 피하기 위해 만들어진 홈쇼핑 멘트의 원칙이다.

그다음은 '유효 사포닌'이다. 모든 사포닌이 아닌 오직 '유효한 사포닌'만이 이런저런 효과에 '도움을 줄 수도 있다'고 얘기했다. 이는 현재 판매 중인 이 홍삼만이 아니라 유효 사포닌이 자체적으로 갖고 있는 효능과 효과를 나열한 것이다. 가족의 이야기와 유효 사포닌의 효능과 효과를 교묘하게 연결해 소비자에게 자연스럽게 우리 가족의 건강이 나아질 것이라는 기대 심리를 심어준다.

더 쉽게 풀어보자.

"준비된 수량이 많지 않습니다."
"시간을 확인해봐야 할 것 같습니다."
"설명을 짧게 해드려야 할 것 같은데요."
"그냥 주문 전화를 빨리 받아야겠네요."

이런 멘트를 들으면 소비자는 '이제 곧 매진이 되려나 보다'라는 생각이 든다. 흔히 이야기하는 '매진 임박'이다. 그런데 다시 한번 생각해보자. 쇼호스트의 멘트 어디에도 매진, 품절, 수량 부족이라는 단어는 존재하지 않는다.

그렇게 생각하도록 만들었을 뿐이다. 주변에서 항상 하는 질문은 "매진 임박은 진짜 매진 임박이야?"다. 그럼 나는 되묻는다. "누가 그런 말을 해?" 쇼호스트에게 '매진 임박'이라는 네 글자는 어떤 경우에도 이야기하면 안 되는 1순위 금지어다. 방송통신위원회의 방송심의규정에 정확히 명시된 금기어다. 쇼호스트는 절대 '매진 임박'이란 단어를 사용하지 않는다. 시청자가 그렇게 느끼도록 만들 뿐이다.

건강기능식품은 시장성이 좋은 반면 그로 인해 생길 수 부작용을 최소화하기 위해 점점 더 관련 규정이 엄격해지고 있다. 물론 현재는 상업방송에 국한되어 있다. 이것이 라이브커머스 시장에 어떤 영향을 미칠지는 아직 미지수다.

지인 중에 심의위원회에서 일하는 사람이 많다. 하나같이 이야기하는 것이 라이브커머스에 대한 심의규정이다. 분명 제재해야 하지만 아직 관련 법 규정이 발의되지 않았다고 한다. 앞으로 분명 과대·과장 광고에 대한 문제점이 발생할 거라고 생각한다. 이에 따른 소비자 불만이 공정거래위원회 등에 지속적으로 접수되거나 많은 민원이 발생하면 이에 따른 조치가 생기지 않을까.

사실 규정을 떠나 판매자나 진행자의 도덕성과 연결되는 문제다. 좋은 제품은 많지만 그 어느 것도 완벽할 순 없다. 과장 광고나 과대 표현은 당장의 긍정적 결과를 낼 수 있더라도 장기적으로 보면 판매자에게도 소비자에게도 절대 좋지 않은 판매 방식이다. 객관적인 데이터로 장단점을 명확히 전달하는 것도 진행자와 판매자의 의무다. 이 부분을 잘 충족하면 더욱 신뢰감 있는 방송을 만들 수 있다.

방송심의규정을 지켜야 하는 이유

홈쇼핑에 입사하면 가장 먼저 방송심의규정을 숙지해야 한다. 말을 조리 있게 잘하고 호감 가는 말솜씨를 뽐내는 건 다음 일이다. 아무리 말을 잘할지언정 심의에 어긋나는 단어를 선택하면 바로 0점이다. 오히려 자신의 경력에 마이너스가 된다.

13년의 쇼호스트 생활 동안 나도 딱 한 번 실수로 방송통신심의위원회에 회부된 적이 있다. 여행 가방을 판매하는 방송이었는데 여러 혜택을 더한 최종 가격을 잘못 인지하고 2~3차례 틀리게 고지했다. 물론 집중하지 못한 진행자의 잘못이지만 가격의 오차는 1,040원이었다. 이로 인해 내가 속한 홈쇼핑이 방송통신심의위원회로부터 1회 경고를 받았다.

방송통신심의위원회는 매년 심의에 대한 경고나 주의 등 점수를 수치화해 홈쇼핑 사업 진행 가능 여부를 판단한다. 즉 심의규정에 어긋나는 행위가 누적되어 기준을 넘어서면 해당 홈쇼핑에 영업 정지라는 아주 무거운 페널티를 부여한다. 진행자의 부주의나 실수에 회사의 존폐 여부가 달려 있다는 뜻이다. 그만큼 심의는 중요하다.

그런데 라이브커머스 시장은 심의의 사각지대에 있다. 아직 방송통신심의위원회의 손이 닿지 않는다. 그래서 일부 라이브커머스 방송은 13년 경력의 쇼호스트 눈으로 볼 때 경악을 금치 못하는 경우가 허다하다. 방송심의규정 기준에 따르면 엄청난 징계 사유와 벌금형 혹은 채널을 폐쇄해야 할 정도의 수위로 방송을 한다. 증빙되지 않은 사실을 이야기하는 건 물론 거기에 과대·과장 표현, 충동구매 유발 멘트 등 방송통신심의위원회에서 가장 심각하게 여기는 모든 행위를 한 방송에 담아내는 사례도 있다.

일례로 건강기능식품을 라이브커머스 방송으로 판매하는 걸 본 적이 있다. 앞에서 언급했듯이 특히 건강기능식품군은 효능·효과에 대해 표현할 때 객관적인 사실만을 얘기해야 한다. 효능에 대해 직설적인 화법이 아닌 간접적인 화법을 구사해 방송심의규정에 어긋나지 않아야 한다. 이게 건강기능식품 방송 진행의 핵심이다.

그런데 단순 종합 비타민을 팔면서 마치 이 제품을 먹지 않으면 내일 당장 죽을 수 있는 것처럼 얘기한다. 혹은 수명이 10년은 늘어난다거나 40대 피부가 10대 피부로 돌아간다는 멘트를 아무렇지 않게 한다.

'이게 무슨 대수인가?'라고 생각하는 사람이 있을지도 모르겠다. 하지만 십수 년을 방송심의규정 안에서 산 나에겐 엄청난 충격이다. 플랫폼의 컬처 쇼크다. 예상컨대 이제 곧 건강기능식품을 비롯한 의약외품, 의료기기 방송에 대해 대대적인 시정 조치가 내려오지 않을까 싶다. 이에 플랫폼 운영회사나 방송 진행자, 상품 판매 주체는 그에 맞는 처벌을 받을 것이다. 아무리 자유롭고 오픈된 시장이라도 건강기능식품에 대한 효능 및 효과를 일반화하거나 확정적으로 이야기하면 잘못된 정보 전달로 소비자의 피해가 발생할 수 있기 때문이다.

홈쇼핑에서도 건강기능식품 분야는 최소 5년 이상 경험이 있는 쇼호스트에게만 방송 기회를 준다. 한순간의 실수로 회사가 존폐 위기에 처할 수 있기 때문이다. 그만큼 신경 쓰고 주의해야 할 부분이 많다.

하지만 현재 라이브커머스의 진행자를 보면 정식 판매 경험이 없는 일부 행사 전문회사, 모델 에이전시, 광고 대행사가 임의로 교육하고 어느 정도 스피치만 갖추면 바로 방송에 투입시키는 형국이다.

일례로 한 건강기능식품 회사는 촬영했던 자료를 폐기하기도 했다. 스스로 보기에도 과대 포장이 심해 도저히 영상을 올려놓을 수 없었기 때문이다. 건강기능식품 회사는 방송통신위원회 심의, FDA 승인 등 까다로운 조건을 잘 알고 있다. 방송에 문제의 소지가 있음을 알아차리고 자체적으로 폐기한 것이다.

건강기능식품은 심의규정에 대해 100% 이해하고 이를 간접적으로 잘 표현할 수 있는 실력이 뒷받침되어야 한다. 그런데 자기 돈으로 건강기능식품을 한 번도 산 적 없는 젊은 친구가 건강이나 노화, 피로감에 대해 얼마나 공감하며 방송할 수 있을지 의문이다. 당연히 전문가의 느낌이 전혀 나지 않는다. 반면 제대로 훈련된 베테랑 쇼호스트는 각 홈쇼핑 회사에 소속되어 있어 라이브커머스 진출이 매우 제한적이다.

이는 매우 중요한 부분이다. 언젠가 이 부분에 대한 제재가 시행될 것이며 그때 준비되어 있지 않으면 곤혹스러운 상황에 처할 수 있다. 라이브커머스를 하고 싶다면 방송심의에 대해 공부해야 한다. 어렵게 느껴지겠지만 한 번만 숙지하면 걱정 없이 방송을 진행할 수 있다. 단단히 내실을 다져 지킬 건

지키며 라이브커머스 방송을 진행하자. 심의규정에 대한 이해도가 높고 설득력을 갖춘 진행자는 추후 방송통신위원회의 제재가 본격화되면 막대한 몸값을 받을 뿐 아니라 출연 요청도 쇄도할 것이다.

　분명 현재 시장은 문제가 있다. 잘못된 부분을 빠르게 개선하고 라이브커머스 진행자도 안일한 마음가짐에서 벗어나야 한다. 실제 가치에 중점을 둔 솔직 담백한 방송을 추구할 때다. 특히 건강기능식품은 소비자의 건강과 직결될 수 있기 때문에 정확하지 않고 확인되지 않은 정보는 절대 과대 포장해선 안 된다.

패션의류,
스타일과 트렌드를 팔아라

홈쇼핑 방송은 몇십 년간 축적된 판매 데이터와 고도로 계산된 마케팅 기술이 결합되어 만들어진 작품이다. 어떻게 1시간 동안 하나의 제품을 수억 원이나 팔 수 있을까? 그 모든 판매 전략과 기술을 쏟아부어야 하는 카테고리가 바로 패션의류다.

그래서 웬만큼 상품을 다룰 줄 아는 유통 전문가가 아니거나 본인 스스로 특별히 옷에 대한 관심도가 높지 않다면 처음부터 의류를 판매하는 건 추천하지 않는다. 컴플레인, A/S, 신상품 준비, 재고 관리, 사이즈 스펙 등 신경 써야 할 게 가장 많은 분야이기 때문이다. 건강기능식품이나 일반 식품, 가전제품은 1년에 상품이 하나씩 출시돼도 괜찮다. 하지만 의류는 봄, 여름, 가을, 겨울 원단부터 디자인까지 모두 고려해야 한다. 게다가 하나의 제품이라도 사이즈, 색상, 스타일이 조금씩 다르기 때문에 상품 구성이 복잡하고 재고 관리 역시 힘들다.

그럼에도 불구하고 홈쇼핑에는 매진 행렬을 이어가는 노하우가 있다. 이를 벤치마킹해보자. 먼저 계절별 추천 아이템을 살펴보고 성별 패션의류의 세일즈 포인트 찾는 법 그리고 망설이는 구매자에게 구매 버튼을 누르게 만드는 홈쇼핑 쇼호스트의 판매 기법을 소개한다.

계절에 따라 소비자가 원하는 옷은 무엇일까?

옷을 판매하는 데는 명확한 패턴이 존재한다. 대개 계절이 본격적으로 시작되기 전에 신규 아이템을 론칭한다. 그리고 본격적인 시즌에 들어가면 차츰 세일과 인하 조건을 형성한다. 시즌 중반에 들어서면 가격 조건을 더욱 파격적으로 제시한다. 마지막은 재고를 정리하는 마진 최소화 전략이다. 숫자로 보면 시즌 시작 전 신규 론칭 시 100으로 시작한 가격이 본시즌에는 80, 본 시즌 중반 이후 70~60선, 시즌 후반 50 이하 수준이다.

물론 100으로 시작한 가격일 때도 판매율이 높다면 최대한 그 가격을 유지한다. 최고의 마진율을 위해서다. 혹은 반대로 100에서 시작했는데 시장 반응이 저조하면 바로 80으로, 그도 안 되면 60으로 시즌에 상관없이 빠르게 가격을 낮춘다.

판매자 입장에서는 재고가 가장 큰 고민이기 때문이다. 어떤 이들은 생각한다. '힘들게 만든 제품을 왜 굳이 가격을 내려 팔까? 두고두고 판매하면 되지.' 틀린 말은 아니다. 하지만 매 시즌마다 의류업체는 약 3만 세트의 의류를 제작한다. 그 세트 구성이 3종이면 9만, 5종이면 15만 개의 옷이 재고로 남는다. 금액으로 따지면 약 10억 원 정도다.

우리 집에 반팔 티셔츠가 9만 장 혹은 15만 장이 있다고 생각해보자. 상상도 못 할 규모다. 그럼 이것을 보관하는 곳은? 굉장히 큰 규모의 물류창고에 보관해야 한다. 물론 보관 비용은 모두 판매자의 몫이다. 판매가 안 되면 현금 흐름도 막힌다.

이런 이유로 싼 가격에라도 빨리 처분하고 다음 상품을 준비해야 손해를 줄일 수 있다. 그래서 패션은 재고 관리가 가장 중요하다. 그리고 사이즈마다 스펙 차이가 발생하거나 특정 사이즈만 남는 경우도 생긴다. 매우 운영하기 어려운 상품 중 하나다. 그러니 잘 생각하고 준비하자.

봄: 새 옷을 찾는 시기

무심히 창밖을 보니 어느새 칼바람이 잦아들고 따뜻한 햇볕이 비춘다. 창문을 여니 약간 선선한 기분 좋은 바람이 분다. 이 분위기를 상상하면 어떤가? 하던 일을 멈추고 잠시나마 나를 위한 외출을 생각하지 않을까? 그곳이 비록 아주 먼 곳이 아니더라도 말이다.

봄이 되면 누구나 평범한 일탈을 꿈꾼다. 그럴 때 예쁘게 차려입고 나가고 싶은 게 사람 마음이다. 그런데 옷장을 여니 왠지 탐탁지 않다. 분명 얼마 전에 산 옷들인데 너무 촌스럽게 느껴진다. 혹은 작년과 내 몸 상태가 바뀌어 입을 수 없는 경우도 있다. 무엇보다 이번에 나온 신상에 눈이

간다. 하지만 항상 돈이 고민이다.

예쁜 옷을 입고 싶지만 백화점이나 쇼핑몰에 가면 가격 때문에 바로 포기한다. 그런데 홈쇼핑을 보면 이야기가 다르다. 분명 백화점에서 본 것과 비슷한 옷을 절반도 안 되는 가격에 판다. 소비자는 당연히 결제할 수밖에 없다. 왠지 돈을 번 느낌마저 든다. 이제 소비자는 한 번 산 옷을 오래 입는 것보다 싼 옷을 자주 사서 바꿔 입는 패턴으로 바뀌고 있다. 그만큼 트렌드나 유행이 빠르게 바뀌기 때문이다. 소비자는 비싸지 않으면서 세련된 스타일을 연출하기 위해 노력한다.

따라서 이러한 고객의 니즈에 맞춰 의류 상품을 기획해야 한다. 봄에는 조금 비비드한 컬러감의 의상을 구성하면 좋다. 하지만 겨울처럼 엄청난 수요가 발생하지 않으니 보수적으로 접근하길 바란다.

여름: 더위를 피할 기능성 옷

땀, 습기와의 전쟁인 여름은 특히 옷감 선택에 예민하다. 그래서 늘어붙지 않는 소재, 땀을 빨리 흡수하는 소재, 차가운 느낌의 소재, 바람이 잘 통하는 소재가 인기다.

특히 화학 섬유인 폴리에스테르 소재에 후가공 처리를 한 기능성 옷이나 나일론 후가공 처리를 한 옷의 판매량이 증가한다. 등산복에 사용하는 소재라고 생각하면 이해하기 쉽다.

여성들은 멋을 내기 위해 슬러브사를 활용해 만든 옷을 선호한다. 여기에 몸에 달라붙지 않고 바람이 숭숭 잘 통하는 소재를 찾는다. 여름에 옷감을 잘못 선택하면 하루 종일 찝찝하다. 특히 땀에 취약한 소재는 옆 사람에게까지 불쾌감을 주는 악취를 풍긴다. 출퇴근 시 이용하는 버스나 지하철에서 유난히 냄새가 많이 나는 사람이 있다. 이 경우가 바로 옷 소재를 잘못 선택해 발생하는 참사다. 기본적으로 여름옷을 팔 땐 불쾌감이 없는 소재여야 한다.

색깔은 요즘 들어 원색보다 파스텔에 가까운 포인트 컬러가 인기다. 옐로, 레드가 기존 인기 컬러라면 요즘에는 라임, 오렌지, 민트 등 더욱 밝고 톡톡 튀는 색감을 선호한다. 그리고 여름옷은 빨래 횟수가 많다. 날마다 땀과 먼지에 오염되기 때문이다. 그래서 옷감의 강도를 체크해야 한다. 한두 번 세탁으로 옷감이 상하거나 색이 빠지고 수축되면 소비자에게 큰 실망감을 줄 수 있다.

가을: 트렌치코트

가장 멋을 낼 수 있는 계절이 가을이다. 가볍지만 분위기 있게, 몸이 드러나지만 너무 휑하지 않게, 여러 옷을 레이어링하며 패션 감각을 뽐낼 수 있다. 겨울에는 꽁꽁 싸매고 다니기 때문에 좋은 아우터만 있으면 외출 준비가 끝나지만 가을은 풀어헤치고 늘어뜨려 입는 스타일링이 가능해 더욱 신경 쓰게 된다. 색감은 여름보다 한층 다운된다. 브라운, 와인, 베이지, 카멜 등의 분위기 있는 컬러가 세련되고 따뜻한 느낌을 준다.

가을 의류 중 가장 확실한 가을 아이템은 트렌치코트다. 남녀 모두 즐겨 입는 아이템으로 판매자라면 가을엔 약간 오버사이즈로 착장이 가능한 스타일의 트렌치코트를 준비하자. 그래야 소비자가 사이즈 선택의 폭을 줄일 수 있다.

TIP 저가 전략을 취한다면 확실하게!

부츠 또한 가을 시즌의 효도 아이템 중 하나다. 10년 전쯤 블로그를 통해 다양한 상품을 팔았는데 가장 짧은 시간에 제일 높은 매출을 올린 제품이 바로 여성용 부츠였다.

나의 핵심 전략은 저가 판매였다. 앵클부츠부터 롱부츠까지 디자인은 10여 개 정도였고, 가격대는 최저가로 하나 팔면 겨우 몇천 원에서 1만 원 정도 남았다. 그런데도 3일 동안 판매한 순이익이 자그마치 2,500만 원에 달했다. 총매출액이 아니라 모든 비용을 제한 순이익이다.

재고가 많이 남은 공장에서 물건을 사입해 3만 원을 넘지 않는 가격으로 앵클부츠를 팔았다. 가격 전략을 할 때는 과감해야 한다. 고가의 프리미엄 시장을 노릴 것인가? 아니면 누구도 따라올 수 없는 가격 경쟁력을 갖춘 저가 제품을 팔 것인가? 애매한 퀄리티에 애매한 가격은 오히려 구매를 주저하게 만드는 요인이 된다. 특히 패션은 가격 책정이 중요하다. 목적이 있어 구매한다기보다 지금 당장 필요하지 않더라도 예뻐서, 한눈에 반해서 사는 품목이기 때문이다. 사고 싶다는 생각이 드는 순간 가격으로 고민하게 만들어선 안 된다.

겨울: 따뜻한 옷과 스타일리시한 외투

가을이 지나고 찬바람이 칼바람으로 바뀌면서 새벽 공기가 꽤 날카로워진다. 내의가 몇 벌 필요한 시즌이다. 기본적으로 공기가 차가워지면 내의에 대한 수요가 늘어난다. 예전과 달리 두툼하고 불편한 내의가 아니라 모달 소재의 얇고 폭신한 내의를 많이 선호한다. 화학 섬유로 만든 저렴한 내의는 차가운 바람은 어느 정도 막아주지만 소재 자체의 냉한 기운이 온몸을 감싼다. 그래서 내의를 판매할 땐 소재를 주의 깊게 봐야 한다.

사실 봄, 가을에 입는 바지 속에 내의만 하나 더 입어도 겨울을 따뜻하게 보낼 수 있다. 굳이 겨울 바지를 입지 않아도 된다. 그런데 나처럼 옷을 두 겹씩 껴입는 것에 불편함을 느끼는 사람이나 나이가 아직 젊어 내의에 거리감을 느끼는 사람이라면 두꺼운 바지가 필요하다.

보통 겨울 바지는 울바지, 기모바지, 본딩바지로 나뉜다. 울바지는 말그대로 소재가 울이다. 기모바지는 바지 안쪽을 여러 번 빗질 해 인위적으로 기모감을 일으켜 공기 함량을 늘린 바지다. 공기 함량을 늘리면 달아나는 체온을 잡아주는 효과가 있고 촉감이 포근하다. 여기서 한 단계 더해진 것이 본딩바지다. 기모바지에 원단을 하나 더 덧대 두 겹으로 만든다. 거의 겨울 바지의 최고봉이다. 본딩바지를 입으면 영하 10도도 웬만하면 버틸 수 있다. 겨울에는 기모바지와 본딩바지에 대한 수요가 많다. 바지는 신축성도 중요하니 이 부분도 꼭 확인하자.

누구나 그렇듯 가지고 있는 옷 중 가장 비싼 옷은 대부분 겨울옷이다. 그중에서도 큰 금액을 투자하는 옷이 바로 외투다. 여름과 봄, 가을에는 어느 정도 노출이 가능해 팔찌나 액세서리, 목걸이 등으로 포인트를 줄수 있다. 그러나 겨울엔 그렇지 않다. 기껏해야 반지나 귀걸이 정도다. 그런 만큼 시선은 외투에 쏠린다. 아우터가 비싸더라도 신경을 쓸 수밖에 없는 이유다.

그중 모피는 가장 고가의 아우터다. 멋 좀 내는 여성은 베스트와 롱코트 스타일의 모피를 한두 벌쯤 갖고 있다. 나는 인터넷으로 모피를 판매한 거의 최초의 인물이다. 당시 가죽과 모피 도매시장이 밀집해 있는 광희시장을 내 집 드나들듯 오갔다.

처음에는 도매시장의 상인들이 비싼 모피를 인터넷에서 어떻게 파느냐며 핀잔을 주거나 무시하는 듯한 태도를 보였다. 하지만 샘플 몇 장을 구입해 인터넷으로 판매한 결과는 대성공이었다. 도매시장에서 며칠씩 밤새서 파는 것보다 몇 배를 더 팔자 옆 매장, 그 옆 매장에서도 러브콜이 쇄도했다. 결국 나를 무시하던 형님, 누나들과 친해졌다. 지금도 새벽에 가끔 가서 칼국수나 아귀찜에 소주 한잔하는 나만의 놀이터와 같은 공간이 됐다.

조금 다른 얘기지만 모피는 원래 부의 상징이었으나 요즘은 조금 조심하는 경향이 있다. 동물보호, 자연보호 활동이 대두되며 비건 패션, 에코 패션의 개념이 떠오르기 시작해서다. 이는 국내뿐 아니라 세계적인 트렌드다. 나도 이런 시대 흐름에 찬성한다. 모피 생산 과정에서 벌어지는 동물 학대에 관한 일을 안 이상 나 스스로 모피를 찾아 판매하는 일은 없을 것이다. 판매도 좋지만 개념 있는 트렌드를 추구하는 라이브커머스 운영자가 되길 바란다.

여성 패션 공략법
: 트렌드와 몸매를 커버하는 디자인을 사수하라

여성이 의류를 구입하는 이유는 자기만족도 있지만 보이기 위함이다. 예뻐 보이고, 날씬해 보이기 위해서다. 그리고 놓칠 수 없는 것이 트렌드다. 그 세 가지를 자극해야 한다. 사실 그게 전부다. 구구절절한 설명보다 홈쇼핑에서 자주 사용하는 멘트를 직접 옮겨보도록 하겠다.

"프랑스 파리에서 이번 시즌의 트렌드 컬러와 패턴 디자인을 발표했어요. 명품 브랜드인 샤넬이나 구찌 디자인을 봐도 색감과 패턴이 비슷하게 사용된 것들이 눈에 띄어요. 특히 오트쿠튀르 같은 패션쇼에서 많이 선보이죠. 이 옷의 컬러와 패턴도 시즌 트렌드를 반영하고 있어요."

"20대의 탱탱한 피부와 군살 하나 없는 날씬한 몸매를 만드는 건 이제 거의 불가능하잖아요. 운동도 하루 이틀 하다 포기하게 되죠. 그런데 또 모임에선 예쁜 모습을 보여주고 싶잖아요. 그게 자존심이기도 하고, 자신의 위치가 되니까요. 그런데 옷은 가격보다 어떤 핏이냐가 중요해요. 노출하고 싶지 않은 부위를 자연스럽게 가려주고 커버해주며, 스트레스 받는 부분을 더 날씬하게 보여주는 패턴 말이죠. 이것 때문이에요. 이 옷이 대박 난 이유. 여성들이 대부분 갖는 몸매 스트레스를 디자이너가 캐치했어요. 우리 마음에 쏙 드는 포인트를 정확히 짚어냈죠. 분명히 이 옷을 입으면 날씬해 보일 거예요. 대학생 정도는 아니더라도 사회 초년생 때 모습 정도는 연출할 수 있답니다."

남성 패션 공략법: 편안함과 실용성을 강조하라

우리나라 아버지들은 패션보다 실용성 위주다. 출퇴근하기 편하고 집에서 입기 편하고 담배 한 대 피우러 나가기 편하고 장을 보러 나갈 때도 편한 옷이면 된다. 맵시나 옷의 통, 길이 등에 예민하지 않다. 물론 요즘은 조금씩 달라지는 추세다. 그럼에도 홈쇼핑 매출 데이터를 보면 여전히 그런 경향은 뚜렷하다.

"패션? 난 그런 건 됐고 아무거나 줘."

"아직 입을 만하니까 버리지 마."

그래서 여성 소비자가 남성의 옷을 살 땐 포인트가 확실하다. 어떤 옷과 입어도 잘 어울리는 디자인과 컬러, 때가 타도 많이 티 나지 않는 색감, 물 빠짐이 적은 원단, 다림질이나 세탁 등 관리가 어렵지 않은 원단, 유행을 타지 않는 베이직한 디자인, 저렴하고 여러 벌로 구성된 세트 등을 선호한다.

이런 소비 경향을 아는 쇼호스트들은 여성 의류를 판매할 땐 아름다움을 표현하지만 남성 옷을 팔 땐 실용성을 강조하는 멘트를 많이 쏟아낸다.

구매 버튼을 누르게 만드는 홈쇼핑 의류 판매 기술

의류 방송에서 자주 쓰는 홈쇼핑 판매 기술은 바로 수량 압박이다. 의류는 한 가지 상품이지만 엄밀히 말하면 한 상품이 아니다. A라는 상품에는 레드 A, 화이트 A, 블랙 A, 그레이 A가 있다. 다시 레드 A에는 44, 55, 66, 77 사이즈가 있고, 화이트 B에는 95, 100, 105, 110 사이즈가 있다.

이것을 판매에 어떻게 이용할까? A 상품에 레드, 화이트, 블랙 색상이 있다고 가정해보자. 당연히 블랙 의상의 비중이 가장 높고, 화이트와 레드가 비슷하거나 화이트가 조금 높은 수준일 것이다. 여기에서 말하는 비중은 판매자가 예측해 준비한 수량의 비율과 실제 판매율을 기반으로 한다. 여기서 알 수 있듯 대한민국 소비자는 무언가 강렬하고 특이한 컬러보다 가장 기본적인 컬러를 선호한다.

그럼 이것을 수치화해보자. 전체 수량 중 블랙 60%, 화이트 25%, 레드 15% 정도의 수량을 준비했을 것이다. 여기서 블랙은 다시 44 사이즈 10%, 55 사이즈 40%, 66 사이즈 40%, 77 사이즈 10%처럼 가장 작거나 큰 사이즈보다 보편적으로 많이 입는 평균 사이즈를 더 많이 생산하고 준비한다.

결국 생산 비율이 가장 낮은 레드(15%) 중에서도 44 사이즈(10%)가 모든 경우의 수를 고려할 때 가장 수량이 적을 것이다. 그럼 상식적으로 이 색상과 사이즈가 필요한 사람은 빨리 선택해야 한다. 왜? 사이즈가 특별히 크거나 작은 사람은 본인에게 맞는 제품을 구하기 힘들다는 사실을 알기 때문이다. 그래서 평균 사이즈를 입는 사람보다 빠르게 구매한다. 실제 해당 제품의 수도 적다. 그러면 1시간의 생방송 중 레드 44 사이즈와 77 사이즈에 가장 먼저 빨간불이 켜진다.

이때부터 '레드 수량 부족', '전체 44, 77 사이즈 수량 부족' 등의 사인이 특정한 경고음을 내며 계속 화면에 등장한다. 그러다 끝내 '레드 매진 예상' → '레드 매진'의 CG와 함께 쇼호스트가 멘트로 지속해서 강조한다. 당연히 소비자는 '오! 엄청 인기가 많구나!'라고 생각한다. 그러면 느긋하던 마음이 다급해진다. 여기에 쇼호스트 멘트가 더해진다.

"어차피 구입하지 않으셔도 됩니다. 옷은 눈으로 직접 색감을 보고 촉감도 느끼고 사이즈도 맞나 확인하셔야 해요. 어차피 배송비도 저희가 다 내드려요. 받아서 입어보시고 마음에 안 드시면 반품이든 교환이든 다 진행해드립니다. 이 조건 더는 힘들다는 거 아실 거예요. 레드부터 매진 행렬 대기 중입니다."

너무나 합리적인 설명이다. 이 기회가 다신 없을 것 같고 어차피 배송비도 무료인데 받아보고 결정하면 되는 문제다. 이렇게 소비자는 스스로를 합리화한다. 그리고 많은 사람이 방송을 보고 몰리고 있다고 생각한다.

여기서 잠깐, 레드의 매진은 사실인가? 그것은 사실이다. 방송 이후 판매 결과로 매진임을 증빙해야 한다. 하지만 서두에 말했듯이 생산 수량 자체가 적다. 매진도 사실이고 받아보고 결정하는 것도 사실이다. 배송비 부담이 없는 것도 사실이다. 그것을 사실로 만드는 것이 판매 전략이며, 이를 이용해 구매 욕구를 끌어올리는 것이 프로 쇼호스트의 역량이다.

라이브커머스 방송 전 체크 포인트

라이브커머스 방송에서 모바일 카메라 세팅 시 주의해야 할 첫 번째는 샷의 범위다. 전체 샷과 바스트 샷을 적절히 활용해야 한다. 식품과 일반 미용 제품은 움직임의 동선이 제한적이다. 반면 의류는 앞모습, 옆모습, 뒷모습을 가까이에서 또 멀리서 모두 보여줘야 한다. 그래야 제품의 전체 느낌을 전달할 수 있다.

그래서 일반적으로 첫 세팅은 몸 전체가 나오는 전체 샷을 기준으로 하고, 카메라가 가까이 왔을 때 머리나 팔다리가 어색하게 화면에서 잘리지 않는지 확인해야 한다. 그렇지 않으면 방송 중에 우왕좌왕하기 쉽다.

그리고 의류의 특성상 색감이나 옷의 질감 표현도 매우 중요하다. 옷을 카메라 렌즈에 가까이 비췄을 때 너무 어둡거나 조명을 강하게 사용해 색이 날려 질감이 보이지 않는 경우가 많다. 이를 대비해 사전에 조명의 강도를 조정해야 한다. 진행자를 비추는 조명과 상품을 비추는 조명을 명확히 구분해 세팅하자.

가전·가구,
정보와 필요성을 전하라

가전과 가구는 고가다. 그래서 소비자들은 충동구매를 하기보다 여기저기 발품 팔아 알아본 뒤 최종 선택을 한다. 한 곳에서만 알아보면 잘못된 정보를 제공받을 여지가 많아 시장 조사가 필수다. 그리고 유통 라인이 다양하다 보니 각종 프로모션과 가격 조건도 상이하다. 따라서 판매자와 진행자는 이런 조건 등을 모두 비교·분석한 뒤 방송에서 강조할 수 있는 포인트만 뽑아내야 한다. 물론 가격에 대한 믿음을 계속 주는 것도 잊어선 안 된다.

"홈쇼핑 방송만 10년이에요. 가전만 10년째 판매하고 있죠. 전국 웬만한 매장의 가격 데이터가 머릿속에 있습니다. 혹시 몰라 방송 전에도 검색하고 들어왔는데 역시나 이 조건을 찾는 건 거의 불가능해요. 이 순간을 놓치고 나중에 매장으로 비교하러 나가면 기름값, 주차비, 외식비로 쓰는 비용이 더 많을 겁니다. 금쪽같은 나의 주말을 날리는 건 보너스죠. 1~2만 원 더 비싸게 사도 그것보단 낫지 않을까요?"

이런 멘트를 통해 진행자가 많은 정보를 알고 있고, 종합해봤을 때 이 조건은 매우 합리적이라는 사실을 고객에게 주입시켜야 한다. 물론 거짓말을 하라는 게 아니다. 실제 이 정보를 알아내기 위해 시간을 얼마나 할애했는지, 찾아낸 가장 저렴한 가격은 얼마인지, 그것과 비교해 이 방송에서 판매하는 금액이 얼마나 합리적인지 등 사실을 기반으로 이야기하되 스토리를 덧붙이라는 말이다. 이런 정보를 방송에 어떻게 녹여낼 것이지 연구하는 자세가 필요하다.

먼저 어떤 아이템을 공략해야 하는지 알아보자.

계절에 따라 소비자가 원하는 제품은 무엇일까?

봄: 공기청정기

예전에는 봄이 참 아름답고 따스한 계절이었다. 하지만 요즘은 미세먼지, 황사, 꽃가루 등으로 공기청정기가 필요한 계절이라는 이미지로 대체되고 있다. 언론에서는 창문을 닫고 생활하는 게 더 안전하다고 권하다 보니 환기하는 것도 꺼림칙하다. 어쩔 수 없이 집안에 공기청정기를 놓기 시작한다.

집안에 한 대로 충분했던 공기청정기가 이제는 거실, 부엌, 안방, 아이방 등 모든 공간에 놓여야 안심이 된다. 먼지 형태도 미세먼지, 초미세먼지 등으로 세분화되는 상황에 더 작은 입자를 거를 수 있는 최신 기술이 탑재된 새로운 제품이 나오면 저절로 눈이 갈 수밖에 없다.

공기청정기는 날씨에 따른 매출 변동성이 매우 큰 아이템이다. 오늘 당장 하늘이 뿌예면 매출이 급상승하지만 다음 날부터 쾌청한 날씨가 이어지면 매출은 급락한다. 그래도 필수 가전임은 분명하다. 이젠 봄 가전의 꽃은 공기청정기다.

여름: 에어컨과 서큘레이터 그리고 제습기

여름은 왜 해마다 더워질까? 예전에는 창문을 열고 선풍기만 틀어도 견딜 수 있었지만 이젠 우리 생활에서 에어컨은 필수품이다. 우리나라가 고온다습한 환경으로 바뀌면서 뜨거운 여름이 아닌 축축한 여름이 되었다. 습한 공기와 땀으로 피부는 끈적하고 옷은 축축하다. 찝찝함에 샤워를 하루에 2~3번은 해야 간신히 개운함을 유지할 수 있는 계절이다.

그래서 무더운 여름에 인기 있는 제품은 뭐니 뭐니 해도 에어컨이다. 뜨거운 건 참아도 습한 건 못 참는 사람들이 많다. 해결책은 에어컨뿐이다. 그리고 정말 무더운 여름에는 서큘레이터가 그 기능을 극대화하는 데 큰 역할을 한다. 센 바람으로 냉기를 멀리 보내주는 것이 바로 서큘레이터다. 하나만 구비하고 있어도 웬만한 더위를 식힐 수 있어 선풍기보다 서큘레이터의 수요가 점점 늘고 있다.

다만 셀러 입장에선 한 가지를 고려해야 한다. 서큘레이터는 강한 바람을 내는 고성능 모터를 사용하다 보니 소음이 큰 편이다. 혹시라도 서큘레이터를 소싱하게 된다면 소음을 확실히 확인한 뒤 진행하길 권한다.

에어컨의 뒤를 잇는 습기 제거 가전은 제습기다. 장마철에 하나만 틀어도 집안의 모든 습기를 잡는 기특한 제품이다. 전기 사용량을 비교해보면 제습기보다 에어컨의 전기 소모량이 현저히 많다. 그래서 심하게 덥진 않지만 꿉꿉한 날씨라면 에어컨을 풀가동하는 것보다 제습기를 트는 게 훨씬 효율적이다. 반나절만 틀어도 얼마나 많은 수분이 온 집안을 가득 채우고 있었는지 눈으로 확인할 수 있다. 운영자 입장에서 에어컨을 소싱하기는 쉽지 않다. 서큘레이터나 쿨러 정도의 저렴하고 합리적인 상품을 소싱하는 게 좋다. 딱 한 가지, 전기를 꼽고 사용하는 가전은 항상 소음을 먼저 체크해야 한다는 사실을 잊지 말자.

겨울: 매트

현재 나는 주상복합 건물에 거주 중이다. 창문 바로 앞에 침대가 있어 겨울이 되면 살을 에는 듯한 바람이 새벽녘마다 느껴진다. 그래서 큰 추위가 예상되는 날엔 보일러를 최대치로 틀어놓고 잔다. 그런데 겨우내 그렇게 할 수는 없다. 차라리 보일러 온도는 낮추고 따뜻한 매트로 등을 따뜻하게 한 뒤 도톰한 이불을 덮는 게 훨씬 따뜻하다. 나와 같은 생각을 하는 사람들이 많아지면서 겨울에는 매트의 수요가 급증한다.

매트의 종류는 다양하다. 대표적으로 온수 매트와 전기 매트 등이 있다. 사실 온수 매트는 일부 대기업에서만 다루는 품목이다. 그만큼 기술력이 뒷받침되어야 만들 수 있다. 하지만 대기업의 상품을 소싱하긴 여간 어려운 일이 아니다. 그렇다면 전기 매트로 우회하자. 온수 매트보다 가격이 저렴해 1~2인 가구나 서브로 사용할 매트가 필요한 집에서 수요가 일어난다. 단, 안전 진단과 전자파 테스트 등을 다 완료한 상품을 선택해야 한다.

난로, 히터 등도 겨울에 잘 팔리는 난방 아이템이다. 히터를 선택할 때는 전기료 폭탄을 맞지 않는 제품으로 선택해야 한다. 그래야 추후 고객에게 싫은 소리를 듣지 않는다. 꼭 소비 전력과 와트를 체크해야 한다. 일정 시간을 기준으로 잡고 온도 몇으로 틀었을 때 소비 전력이 얼마인지 구체적으로 체크하자. 설명서에 적혀 있는 대로 믿어선 안 된다. 모두 기준치가 다르기 때문이다. 설명할 때도 이런 내용을 상세하게 설명하면 시청자에게 신뢰를 줄 수 있고 구매 결정에 큰 역할을 한다. 이왕이면 복사열로 난방이 되는 히터기를 선택하자.

 TIP 기술력이 뛰어난 중저가 브랜드를 공략하라!

최근 합리적인 소비에 대한 관심이 늘면서 대기업 유명 브랜드 못지 않은 좋은 기술력을 갖춘 중저가 브랜드에 대한 관심이 높아지고 있다.

이를 직접 체험한 적이 있다. 바로 루컴즈전자 TV를 론칭하면서다. 패널과 화질 그리고 색감을 표현하는 기술력이 대기업에 전혀 뒤처지지 않는 스펙의 TV였는데, 아주 저렴한 가격으로 방송을 진행했다. 물론 대기업 제품과는 세부 디테일과 A/S, 핵심 부품의 차이, 디자인 차이가 존재한다. 하지만 TV를 시청하는 데 걸림돌은 전혀 없다. 방송 결과 판매는 성공적이었다.

이 사례를 통해 저평가되어 있는 기능 좋은 가전제품을 찾아 론칭하는 방법도 있다는 것을 깨달았다. 무조건 알려진 제품만 판매하려 하지 말자. 기술력을 갖춘 새로운 제품을 발굴하는 눈을 길러보자. 성공으로 가는 바탕이 될 것이다.

일단 보내라, 그러면 팔릴 것이다

가전이나 가구에서 매출을 올리기 위해 많이 사용하는 방법은 '일단 보내준다'다. 가전이나 가구는 대부분 고가다. 한 번 구입하면 오래 쓴다. 그래서 구입할 때 심사숙고해 고른다. 한 번 잘못 선택한 가구나 가전제품은 쓸 때마다, 보일 때마다 신경 쓰이기 때문이다.

그런데 고객 입장에서 보면 가전·가구를 알아보러 다니기도 쉽지 않다. 인터넷 검색, 하이마트, 각종 브랜드 회사의 대리점, 백화점, 가구거리, 중고 판매점 등을 다니며 가격대와 브랜드 등 확인해야 할 게 너무 많다. 게다가 집에 놨을 때 전체 집 분위기와 어울릴지, 공간을 너무 많이 차지하지는 않을지 등 고려해야 할 상황도 너무 많다. 그리고 가전의 경우 실제 조사한 내용과 달리 생각지 못한 불편한 점이 발견되기도 한다. 사용하는 데 큰 불편함이 없다면 괜찮지만 정말 거슬릴 정도라면 사고 나서도 많이 후회한다. 가격이 비싸고 이동이 어려우며 비교 대상이 너무 많기 때문에 홈쇼핑에선 무료 체험이라는 시스템을 도입했다.

일단 결제하면 집으로 배송해주고 1~2주 혹은 한 달간 사용해볼 시간을 주는 전략이다. 이는 소비자에게도 판매자에게도 괜찮은 전략이다. 소비자는 일정한 금액을 맡겨놓고 미리 테스트해볼 수 있는 장점이 있다. 판매자는 가격이 높은 제품에 대한 소비자의 구매 장벽을 낮출 수 있고, 테스트 사용 후기를 보며 제품의 인기나 보완 사항을 체크할 수 있다.

그리고 가장 중요한 장점은 바로 제품의 구매 전환율이다. 우리 집에 러닝머신이 필요해 인터넷 검색을 하다 예쁘고 성능 좋아 보이는 러닝머신을 발견했다. 2주간의 무료 체험 기회도 준다. 그러면 누구라도 집에 한번 들여놓고 싶을 것이다. 바로 주문하고 집에서 사용하다 보니 다 좋은데 한 가지 문제점이 발생했다.

층간 소음이다. 판매사에 전화해 이 부분에 대해 상담하니 러닝머신 기둥 밑에 깔고 사용할 수 있는 패드를 보내준다. 더 폭신해지고 층간 소음도 적다. 사실 2주 동안 사용하고 소음이 심하면 반품하려고 했는데 업체의 발 빠른 대응으로 어느 정도 소음이 감소하자 충분히 사용해도 되겠다는 심리로 바뀌었다. 또 이 큰 제품을 다시 접고 박스에 포장해 반품할 정도로 문제 될 일은 아니라는 생각도 든다. 아니 정확히 말해 내게 꼭 필요한 상품은 아니더라도 충분히 좋은 조건으로 구입했고, 생각지 못한 불편함이 있지만 다시 반품하려니 번거롭다.

바로 이 점이다. 가구나 가전은 덩치가 상당히 크고 배송과 반품에 어려움이 있다. 어렵게 선택한 물건을 다시 반품하고 다른 제품을 구매하는 건 쉬운 일이 아니다. 결국 무료 체험 기간에 반품하는 사례는 많지 않다. 그러니 일거양득이다. 처음 구매할 때 높은 가격에 대한 진입장벽을 무료 체험으로 낮추고, 오랜 기간 집에 두고 사용하면 이미 샀다는 느낌이 들어 반품할 생각이 사라진다. 이런 노하우를 라이브커머스에도 반영할 수 있다.

어떻게 할 수 있을까? MD나 방송 기획자 없이 진행자 하나만 믿고 만드는 것이 라이브커머스 시장이기 때문이다. 판매자와 진행자는 제품 구성과 이벤트, 프로모션 설정에 권한이 크다. 따라서 다양한 이벤트와 프로모션에 대한 지식과 정보를 갖추고 이를 잘 활용할 수 있어야 한다.

라이브커머스 방송 전 체크 포인트

앞서 언급한 루컴즈전자 TV를 예를 들어 설명해보겠다. TV를 사이즈별로 진열하다 보니 넓은 공간이 필요했다. 가전과 가구의 경우 설치 상품이기 때문에 동선과 콘셉트에 각별히 신경을 써야 한다. 실제 매장과 동일하게 가전제품만 쭉 나열한다면 이는 라이브커머스의 장점을 살리지 못하는 것이다. 주력 모델을 두 가지 정도만 선정해 앞에 진열하고, 비주력 상품은 잘 보이지 않는 곳에 위치시킨다.

실제 방송에서는 가장 인기 많은 65형 TV와 최고의 성능과 크기를 자랑하는 75형 TV를 파는 데 주력하기로 했다. 65형 TV를 소개할 때는 모든 기능과 주요 핵심 부품을 소개하고, 브랜드 영상을 해당 TV로 보여줬다. 그러고 나서 75형 TV로 카메라 앵글이 옮겨질 땐 일반 가정의 분위기를 최대한 구현하려 했다. 편안한 소파에 앉아 각종 스마트 기능으로 게임과 영화(물론 저작권에 문제가 없는 영상을 사용해야 한다) 등을 연결하는 모습을 재현했다. 게임이나 영상을 틀어놓고 다양한 리액션을 하면서 자연스럽게 오디오의 성능과 화질의 성능을 자랑했다. 아무래도 틀에 갇힌 방송이 아니다 보니 홈쇼핑에서 가전 방송을 할 때보다 진정성 있고 실질적인 사용법 등을 보여주어 호평을 받았다.

이처럼 물건을 이동시켜 보여줄 수 없다면 공간을 활용해 다양성을 추구해야 하는 것이 가전과 가구 방송이다. 한 공간을 여러 공간인 것처럼 다른 인테리어로 꾸며 활용하는 방법도 시도해보자.

쇼핑과 엔터테인먼트를 결합한 '숍테이너'라는 말은 내가 처음 쇼호스트를 시작하던 13년 전에도 있었다. 단순한 쇼핑이 아닌 쇼핑과 재미를 더한 홈쇼핑을 만드는 것이 모든 홈쇼핑 회사의 염원이었다. 일정 부분 성공한 면도 있지만, 사실 상업 방송에서 웃고 떠드는 모습을 만들어내는 건 쉽지 않은 일이다.

함께 생각해보자. 나는 A라는 기업의 CEO다. 자금 10억 원을 들여 홈쇼핑에서 제품을 론칭했다. 나의 창고에는 총 10만 개의 제품이 출하되길 기다리고 있다. 하지만 아쉽게도 매출이 저조하다. 회사 목표치의 30% 정도만 매출을 달성했다. 그런데 쇼호스트들이 방송에서 웃고 떠들며 제품 설명이 아닌 사적인 이야기를 하고 있다. 제품의 장점을 더 이야기해도 모자랄 판에 콩트 등을 하며 시간을 허비한다. 난 이 한 시간 방송을 위해 10억 원을 들였고, 판매되지 않으면 창고 보관비 등으로 더 많은 적자를 보게 된다. 당신이 CEO라면 이런 상황에 어떤 생각이 들까? 웃고 떠드는 쇼호스트를 보며, 그것을 연출한 PD와 물건을 소싱한 MD를 보며 어떤 생각이 들까? 이 부분은 개인마다 생각의 차이가 있겠지만 나라면 썩 유쾌한 기분이 들 것 같지는 않다.

판매 방송은 판매 방송다워야 한다. 그것이 무언의 약속이다. 시청자 유입을 위해 재미 요소를 없앨 순 없지만, 제품을 의뢰한 사람이나 회사는 그 부분을 최소화하고 판매에 매진하길 원한다.

하지만 라이브커머스 시장에서는 그 분위기가 달라지고 있다. 일방적인 판매와 광고가 아닌 소통하는 자연스러운 홍보와 판매를 선호한다. 기업이? 아니, 소비자가 원한다. 과대·과장된 표현에는 피로감을 나타내거나 바로 질문으로 되돌아오기도 한다. 파는 데만 급급하지 않으면서도 너무 장난스럽지 않은, 그 둘 사이를 외줄타기 하는 센스가 필요하다.

이제 어느 정도 라이브커머스를 시작할 방향이 보이지 않는가? 방법을 아는데도 실행하지 않는다면 그 누구도 탓할 수 없다. 바로 자신 탓이다. 이 글을 읽고 있는 지금, 월매출 수천만 원을 꿈꾸며 구름 위에 떠 있는 기분일 수 있다. 그러나 실행하지 않으면 구름은 신기루가 되고 땅으로 떨어질 것이다. 시간이 흘러 이 분야에서 성공한 사람의 모습을 보며 '그때 시작했어야 했어'라고 후회할지도 모른다.

사업의 첫 시작과 끝은 '행동'이다. 무언가를 만들기 위해 움직이고 시험해보기 위해 움직이고 위험에 직면하기 위해 움직이고 그것을 해결하기 위해 움직여야 한다. 움직이지 않는 당신에겐 그 누구도 자신의 자식과 같은 상품을 믿고 맡기지 않을 것이다.

'목숨 걸고 팔아야 한다.'

이것이 쇼호스트 13년 차인 나의 좌우명이다. 누군가에겐 인생이 걸려있는 제품이다. 10년, 20년, 30년의 노하우를 바탕으로 막대한 자금을 들여 자신의 인생에 도전하는 이의 상품을 판매하는 것이다. 판매자로서 큰 부담을 느껴야 한다.

이 길이 아니면 다른 방법이 있는가? 고민하는 길이 있다면 그 길을 가길 권한다. 라이브커머스 시장은 100% 확신을 갖고 도전해도 살아남기 힘들다. 보이지 않는 불특정 다수와 매시간을 경쟁하며 살아남아야 하는 곳이 라이브커머스 시장이다. 오르는 주식에서도 돈을 잃는 사람이 있듯 아무리 성장하는 시장이라 해도 위기가 있고 위험이 존재한다. 이를 버티고 해결하기 위해 탄탄한 기본기를 쌓아 시장과 싸워 이길 준비를 해야한다. 그러기 위해선 지금 바로 움직여야 한다.

지금부터는 이 책을 덮고 위에 나와 있는 방법론적인 이야기에 너무 기대지 말고 어디에든 가입해보자. 네이버, 카카오, 쿠팡 어디든 상관없다. 이 시작이 미래 나의 점포가 되고, 건물이 되어줄 밑바탕임을 절대 잊어서는 안 된다.